송일상의

LATTE 영어 회화

송일상의
LATTE 영어 회화

초판 인쇄 2020년 6월 5일
초판 발행 2020년 6월 10일

저자 송지승
발행인 이재명
발행처 삼지사
표지디자인 이은지
내지디자인 심즈커뮤니케이션

등록번호 제406-2011-000021호
주소 경기도 파주시 산남동 316번지
Tel. 031) 948-4502, 070-4273-4562 Fax. 031) 948-4508
http://www.samjibooks.com
ISBN 978-89-7358-525-0 [03740]

정가 13,000원

송일상의
LATTE 영어 회화

송지승 지음

SAMJI  BOOKS

지난 십년 동안 영어를 가르치는 일을 하면서, '좀더 직관적으로 보이는대로 영어를 말할 수 없을까?'라는 생각을 해왔다. 실제로 영어회화 수업에서는 뻔한 상황이나, 강의 교재에서 제공하는 특정한 상황에서 필요한 표현들을 배우고 있는 게 현실이며, 대화 중 하나의 팁을 전달하는 것에서 그친다는 것이 너무 아쉬웠다. 또한 많은 원어민들의 강의에서는 좀더 자연스러운 표현이라는 점을 강조하며, 영어 회화에 대한 접근을 더욱 어렵게 하고 있다. 바로 이러한 부분에서 이 「송일상의 영어회화」에 대한 책을 시작하게 되었다.

이 책에서는 철저하게 1인칭 관점에서 보이는 부분과 대화들을 '직관적'으로 '말하는 사람이 편하도록' 나타내려고 많은 노력을 기울였다. 역설적이지만 듣는 사람보다 말하는 사람이 편해야 영어 회화도 재미있고, 더욱 시도를 많이 하게 되어, 더 나은 실력을 가질 수 있을 것이다. 물론 직관적인 시도에 따른 실수도 있겠지만, 처음 영어를 접하는 사람은 그 실수를 과감히 무시해버리고, 두려워해서는 안 된다고 말하고 싶다. 영어를 잘하고 싶다면, 주저없이 이 책을 펴서 당신의 하루에 맞춰 영어 표현을 시도해보자!

이 책의 〈Part 1〉에서는 아침에 눈을 뜨면서부터 시간의 흐름과 상황에 따라 관련된 표현을 '1인칭' 관점으로 '직관적'으로 표현했다. 따라서 당신의 하루와 송일상의 하루에서 겹치는 부분을 찾는다면, 아주 손쉽게 영어 표현을 배울 수 있을 것이다. 또한 〈Part 2〉에서는 일상 속에서 자주 마주치는 상황을 원포인트로 나타내었다. 따라서 여러분이 해당 상황에 직면했을 때, 하나씩 찾아서 이용한다면, 당황하지 않고 그 상황에 맞는 표현들을 할 수 있을 것이다.

마지막으로 이 책을 읽는 여러분께 드리고 싶은 말은, 이 책을 통해 '영어의 달인'은 될 수 없을 것이다. 하지만 확실한 건, 그 어떤 책보다, 영어를 '직관적'으로 '쉽게' 시작할 수 있는 용기를 드릴 수 있다는 것이다. 책 속에만 존재하는 영어 회화는 버리고, 이제 당신의 하루에 맞춰 영어를 표현해 보자! 실패를 두려워하지 말자, 당신은 초보자이고, 이 책은 그런 당신의 시도를 도울 것이다!

하루의 일과에 맞춰, 배울 수 있는
영어 표현들을 자세하게 표현했습니다.

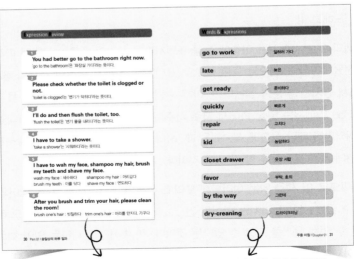

상황에 맞춰 실생활에 사용하는 대화를
통해 영어를 배울 수 있습니다.

대화 표현에 대한 자세한 설명을 담았습니다.
비슷한 표현과 추가적인 설명에 대한
내용을 살펴보실 수 있습니다.

각 Unit에서 배운 중요한 표현들만
모아서 다시 한번 볼 수 있습니다.

각 Unit에서 나온 중요한 단어를
체크해 봅시다.

차 례

PART
01

송일상의 하루 일과

주중 아침

송일상의 하루의 시작은 상쾌한 인사와 함께
상대방에 반응에 따라 대화를 진행해보도록 하자!

Dialogue ❶ 잠을 잘 잔 날

① 송일상 **Good morning, sweetheart!**
좋은 아침이야, 여보!

② 송일상 **Did you well last night?**
당신 잘 잤어?

③ 정부인 **I slept very well, how about you?**
매우 잘 잤어, 당신은 어때?

④ 송일상 **Same here, I think today is going to be a good day!**
나도 그래, 오늘 좋은 날이 될 거 같은데!

정부인 **I hope so.**
나도 그러길 바래

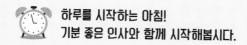

하루를 시작하는 아침!
기분 좋은 인사와 함께 시작해봅시다.

Expression Tip

① **Good morning**

가장 기본적인 인사말이며, 가장 흔히 쓰이는 말이기도 하다.

② **Did you sleep well last night?**

아침에 가장 먼저 하는 질문으로, 비슷한 표현으로는 'how was your sleep?
/ Did you have a good(sound) sleep?'으로 바꿀 수 있다.

③ **I slept very well.**

조금 더 원어민적인 표현으로는, 'I slept like a rock(a log)'로 표현하지만, 먼
저 직관적으로 쉽게 표현하면서 자신감을 키워보자.

④ **Same here**

앞서 한말에 대해 동의를 하는 표현이다. 흔히 알고 있는 'me, too'보다 많이
사용된다.

아침 인사

Dialogue ❷ 그저 그런 날

송일상 **Good morning, sweetheart!**
좋은 아침이야, 여보!

송일상 **Did you sleep well last night?**
당신 어제 잘 잤어?

① 정부인 **Not bad. How about you?**
그냥 그럭저럭 괜찮아. 당신은 어때?

② 송일상 **Same here, could you get me some water?**
나도 그래, 물 한잔만 가져다 줄래?

③ 정부인 **Okay, but I think you should get moving. It's alrealy 7:30.**
알겠어, 근데 내 생각엔 당신 서둘러야 할 것 같아.
벌써 7시 30분이야.

하루를 이와 같이 멋지게 시작하고 싶지만 사실은 그렇지 않을 것이다.
좀 더 현실적인 대화를 살펴보도록 하자.

Expression Tip

① Not bad.

'그냥 그래' 라는 표현은 상대방의 질문에 대한 대답으로 가장 많이 쓰는 표현
중 하나일 것이므로, 반드시 기억할 수 있도록 하자.

② could you get me some water?

여기서 쓰인 'get'의 의미는 가져오다(=bring)라는 뜻으로 사용되었다.
회화 표현에서는 'bring'보다 'get'을 사용하므로, 당황하지 않도록 하자!

③ I think you should get moving.

'get moving'이라는 표현은 서두르다는 표현으로, 'hurry'와 비슷한 의미로 사
용된다.

Dialogue ❸ 잠을 잘 자지 못한 날

송일상 **Good morning, sweetheart!**
좋은 아침이야, 여보!

송일상 **Did you sleep well last night?**
당신 어제 잘 잤어?

① 정부인 **No, I couldn't sleep well yesterday because you were snoring.**
아니, 당신이 코 골아서 어제 한숨도 못잤어.

② 송일상 **Oh, I'm sorry.
I didn't know that at all.**
오 미안해, 나는 전혀 몰랐어.

③ 정부인 **This is not the first time, I think you should stop drinking.**
이번이 처음이 아니잖아, 술 좀 그만 마셔야할 것 같아.

④ 송일상 **Please stop nagging me.
I promised to cut down on drinking.**
잔소리 좀 그만해줘, 술 줄인다고 약속할게.

코골이로 고생하는 많은 분들과 그와 함께하는 많은 분들!
불편해도 서로를 좀 더 이해하도록 노력합시다!

Expression Tip

① **I couldn't sleep well yesterday**

잠을 잘 자지 못했을 때 사용하는 표현이다.

Because you were snoring. / because you were grinding your teeth.

'코를 골다(snore)'와 함께 깊은 잠을 못자게 하는 원인인 '이를 갈다(grind teeth)'라는 표현 또한 배워보자.

② **I didn't know that at all.**

앞문장을 받아줄 땐, 편하게 'that'을 사용하면 조금 더 편하고 쉽게 표현할 수 있다.

③ **I think you should stop drinking**

'drink'라는 표현은 술을 마시다라는 표현으로 편하게 사용할 수 있다.

④ **Please stop nagging me.**

'nag'라는 표현은 '~에게 잔소리하다'는 뜻이다. 일상 생활에서 자주 쓰는 단어이니 체크하자.

Did you sleep well?
잘잤어?

I slept well.
잘잤어.

Not bad.
그저 그래.

No, I couldn't sleep well yesterday because you were snoring.
당신의 코골이 때문에 잠을 못잤어.

Please, stop nagging me.
나한테 잔소리 좀 그만해.

sleep	잠을 자다
last night	지난밤
same here	나도 그래
get (=bring)	가져다주다
get moving	서두르다
already	이미, 벌써
yesterday	어제
snore	코 골다
grind one's teeth	~의 이를 갈다
nag	잔소리하다

출근 준비 과정

Dialogue ❶ 화장실 가기

① 정부인 **Honey, Didn't you tell me that you have to go to work early in the morning?**
여보, 당신 나한테 일찍 일하러 간다고 하지 않았어?

② 송일상 **Oh my gosh, I will be late If I don't get ready for work quickly.**
오, 안돼, 빨리 일 하러 갈 준비하지 않으면, 늦을 거야.

③ 정부인 **You had better go to the bathroom right now.**
당신 지금 바로 화장실 가는 것이 좋을 것 같아.

④ 정부인 **After you use the toilet, please check whether it is clogged or not.**
변기 사용 후에, 변기가 막혔는지 아닌지 확인 부탁해.

⑤ 송일상 **Okay, I'll do that and then flush the toilet, too.**
알겠어, 그렇게 할게 그리고 나서 변기 물도 내릴게.

Expression Tip

① **Didn't you tell me (that) you have to go to work early in the morning?**

'Din't you tell me (that)'는 '나한테 ~말하지 않았어?'라는 표현으로 사용된다. 이 때 that은 생략 가능하다.

② **I will be late If I don't get ready for work quickly.**

'get ready for'라는 표현은 '~을 준비하다'라는 표현으로, work 대신 다른 명사를 넣으면 손쉽게 응용 표현을 사용할 수 있다.

③ **You had better go to the bathroom right now.**

'had better'는 뒤에 동사를 붙여 '~하는 것이 더 좋다'라는 표현으로 손쉽게 응용이 가능하다.

④ **After you use the toilet, please check whether it is clogged or not.**

'toilet'은 변기라는 뜻이므로, 화장실을 나타내는 말로 의사소통은 가능하지만, 어색한 표현이 될 수 있으므로 주의하자. 'Whether ~ or not' 표현은 '~인지 아닌지'로 사용 가능하며, 여기서 'clog(막다)'라는 표현이 be동사 함께 쓰여 '막히다'는 표현이 된다는 점을 잊지 말자.

⑤ **Okay, I'll do that and then flush the toilet, too.**

'do'라는 표현은 여러가지 의미를 가지고 있지만, 지금은 앞문장의 동사부터 전체를 받아주는 역할로 사용한다. 대화에서 많이 쓰는 표현이므로 반드시 기억하고 응용해보도록 하자. 'flush the toilet'이라는 표현은 '변기 물을 내리다'라는 표현으로 잘 기억해두자!

참고 ▶ 화장실 가다라는 표현을 할 때는 너무 직설적인 'go to the toilet'보다는 'go to the restroom / washroom'이라는 표현을 사용하도록 하자!

Dialogue ❷ 샤워 하기

① 송일상 **Honey, why isn't hot water coming out? I have to take a shower.**
여보, 왜 뜨거운 물이 나오지 않는 거지? 나 샤워 해야 돼.

② 정부인 **Didn't I tell you about that? Water pipes in our apartment are being repaired now.**
당신에게 그것에 대해 말하지 않았어? 우리 집 배수관 지금 고치고 있어.

③ 송일상 **Oh, no!! what am I supposed to do?**
오, 안돼. 나보고 어쩌라고?

④ 송일상 **Are you kidding me?**
당신 지금 농담하는 거지?

⑤ 송일상 **I have to wash my face, shampoo my hair, brush my teeth and shave my face……**
나 세수도 하고, 머리도 감고, 이도 닦고, 면도를 해야 되는데……

정부인 **I'm sorry but you should take a shower with cold water.**
미안하지만, 찬물로 샤워해야 할 듯해.

얼굴 씻기 / 양치하기 / 면도하기 표현은 실생활에서 자주 사용하는 표현이므로,
반드시 기억하도록 하자!

Expression Tip

① **I have to** take a shower.

> 'take a shower'는 '샤워하다' 표현이다. 자주 쓰는 표현이므로 반드시 체크하자!

② **Didn't I tell you about** that? **Water pipes in our apartment** are being repaired **now.**

> 앞문장을 받아줄 땐, 편하게 'that'을 사용하면 된다. 'are being repaired'라는 표현은 '수리되고 있다' 라는 표현으로 주어만 바꿔서 다양하게 응용이 가능하다.

③ **what am I supposed to do?**

> 'what am I supposed to do'라는 표현은 '나 어떻게 하지?'라는 표현으로 당황한 순간에 많이 쓰는 표현이다.

④ **Are you kidding me?**

> 'Are you kidding me?'는 '나한테 장난하는 거야? / 놀리는 거야?'라는 뜻으로도 사용한다.

⑤ **I have to** wash my face, shampoo my hair, brush my teeth **and** shave my face……

> 'wash my face(세수하다)', 'shampoo my hair(머리 감다)', 'brush my teeth(이를 닦다)', 'shave my face(면도하다)'라는 표현으로 실생활에 많이 사용하니, 반드시 숙지하자!

Dialogue ❸ 용모 단장 하기

송일상 **Honey, where is a hair dryer?
I'm so cold.**
여보, 헤어 드라이어기 어딨어? 나 많이 추워.

① 정부인 **In the closet drawer.
Honey, could you do me a favor?**
옷장 서랍에 있어. 여보 부탁 하나만 들어주래?

송일상 **No problem, what is it?**
그러지뭐, 부탁이 뭔데?

② 정부인 **After you brush and trim your hair,
please clean the room!**
당신 머리 빗고 손질한 한 후에, 방 청소 좀 부탁해.

③ 송일상 **Okay. By the way, I have a meeting
with clients today.**
알겠어. 근데, 나 오늘 고객들하고 회의가 있어.

⑤ 정부인 **I took it to a laundry for dry-cleaning.
Could you wear another suit?**
그 정장 세탁소에 드라이 클리닝 맡겼어, 다른 정장 입을 수 있어?

⑥ 송일상 **Okay, I'll do that.**
알겠어, 그렇게 할게.

적절한 외모 가꾸기는 현대인의 필수덕목!
외모 가꾸기와 관련된 표현을 살펴보자!

Expression Tip

① **could you do me** a favor?

여기서 'favor'는 '호의, 부탁'을 의미한다.

② **After you** brush and trim your hair, **please clean the room!**

brush my hair : 머리 빗다   trim my hair : 머리 손질하다

③ By the way, **I have a meeting with clients today.**

'by the way'는 '그런데'라는 뜻으로, 화제를 전환할 때 사용하는 어휘이다.

④ **I should** put on **my stripped** suit.

'put on'은 '입다'라는 뜻으로 'wear'라는 단어를 사용해도 된다.
'suit'은 '정장'을 의미한다.

⑤ I took **it to a laundry for dry-cleaning.**

여기서 'take'는 가져가다의 의미이다. 'dry-cleaning'는 우리가 실생활에서 자주 사용하는 '드라이 크리닝'이라는 표현이다.

⑥ **Okay, I'll** do **that.**

여기서 'do'는 앞문장에서 동사 이후를 받아주는 표현이다. 자주 쓰는 표현이 므로 반드시 체크하도록 하자. (I'll do that = I'll wear another suit)

1

You had better go to the bathroom right now.

'go to the bathroom'은 '화장실 가다'라는 뜻이다.

2

Please check whether the toilet is clogged or not.

'toilet is clogged'는 '변기가 막히다'라는 뜻이다.

3

I'll do and then flush the toilet, too.

'flush the toilet'은 '변기 물을 내리다'라는 뜻이다.

4

I have to take a shower.

'take a shower'는 '샤워하다'라는 뜻이다.

5

I have to wah my face, shampoo my hair, brush my teeth and shave my face.

wash my face : 세수하다   shampoo my hair : 머리감다
brush my teeth : 이를 닦다   shave my face : 면도하다

6

After you brush and trim your hair, please clean the room!

brush one's hair : 빗질하다   trim one's hair : 머리를 만지다, 가꾸다

go to work	일하러 가다
late	늦은
get ready	준비하다
quickly	빠르게
repair	고치다
kid	농담하다
closet drawer	옷장 서랍
favor	부탁, 호의
by the way	그런데
dry-creaning	드라이크리닝

출근 전 아침 식사와 관련된 표현

Dialogue ❶ 아침 식사를 하는 경우

① 정부인 **Honey, are you going to have breakfast?**
여보, 당신 아침 먹을거야?

② 송일상 **Of course, eating breakfast is the most important to me.**
물론이지, 아침밥은 나한테 가장 중요해.

③ 송일상 **If I didn't have breakfast, I wouldn't do anything all day long.**
아침을 먹지 않으면, 나는 하루종일 아무것도 못할거야.

④ 정부인 **Alright, Even so, you should not have a heavy meal.**
알겠어, 비록 그렇다 할지라도, 당신 과식 하지 말아야 돼.

송일상 **Don't worry.**
걱정하지마.

아침 식사는 삼시 세끼 중 가장 중요한 식사라고 한다!!
바쁜 현대인일수록 더욱 챙겨 먹도록 하자!!

① **Honey, are you going to have breakfast?**

> 'have'는 '먹다'라는 표현으로 잘 사용된다. 'eat'는 불명확한 무언가를 '먹다'라
> 는 의미로 쓰이고, 'have'는 명확한 무언가를 '먹다'라는 뜻으로 쓰인다.

② **Of course, eating breakfast is the most important to me.**

> 여기서 'the most'는 '가장 ~한'이라는 최상급 표현이다.

③ **If I didn't have breakfast, I wouldn't do anything all day long.**

> 'If'와 과거 동사, 그리고 비현실적 상황을 나타내는 'would'를 통해 상상을 나
> 타내는 가정의 상황을 표현할 수 있다.

④ **Even so, you should not have a heavy meal.**

> 'even so'는 앞 문장 내용을 인정하면서 반대 의견을 이야기할 때 쓰인다.

출근 전 아침 식사와 관련된 표현

Dialogue ❷ 아침 식사를 하지 않는 경우

정부인 **Honey, are you going to have breakfast?**
여보, 당신 아침 먹을거야?

① 송일상 **Sorry, can I skip breakfast?**
미안한데, 나 아침 거를 수 있을까?

② 정부인 **Why? Are you late for work?**
왜? 당신 출근 늦었어?

③ 송일상 **No, I drank so much yesterday that I feel like I'm going to throw up.**
아니, 어제 술을 너무 많이 마셔서 나 토할 것 같아.

④ 정부인 **Oh, god! you got a hangover.**
오, 저런! 당신 숙취가 있구나.

매일 아침을 먹으면 좋겠지만, 현실적으로는 무리가 있죠.
아침을 먹지 않는 날! 적절한 표현을 배워봅시다.

①▸ **Can I skip breakfast?**

'skip'은 '거르다'라는 뜻이다.

②▸ **Why? are you late for work?**

'late for'는 '~에 늦은'이라는 뜻으로 be동사와 함께 쓰면 다양한 적용이 가능하다.

③▸ **No, I drank so much yesterday that I feel like I'm going to throw up.**

'술을 마시다'라는 표현은 'drink'라는 표현을 편하게 쓰면 된다.
'throw up'은 '토하다'라는 표현으로 사용된다.

④▸ **You got a hangover.**

'hangover'는 '숙취'라는 표현으로, 직장인들과 성인들이 가장 많이 쓰는 표현 중 하나일 것이다.

Honey, are you going to have breakfast?

'have breakfast'는 '아침을 먹다'라는 뜻이다.

You should not have a heavy meal!

과식(a heavy meal) 하지마!

Can I skip breakfast?

'skip'은 '거르다'라는 뜻으로 사용된다.

You got a hangover.

숙취가 있구나!

important	중요한
all day long	하루 종일
don't worry	걱정마
skip	거르다
drink	술마시다
throw up	토하다
hangover	토하다
meal	식사
breakfast	아침 식사
late	늦은

집에 나서기 전에 인사하기

Dialogue ❶ 일과 후 집에 일찍 오는 경우

정부인 **Do you come home early today?**
당신 오늘 집에 일찍 와?

① 송일상 **Yes, I have no plan today.**
응, 나 오늘 약속없어.

② 정부인 **how about going to a grocery store?**
식료품점에 가는 게 어때?

③ 정부인 **We're already out of food supplies.**
우리 먹을 것이 이미 바닥났어.

송일상 **Okay, I'll come home until 6. See you later!**
여섯 시까지 집에 올게, 이따 봐.

아침부터 잡아놓은 가족과의 약속은 하루를 버티게 합니다.
즐거운 아침을 여는 표현을 알아봅시다!

① **I have no plan today.**

> 'have no plan'은 '약속 없다'라는 뜻으로 자주 사용된다.

② **How about going to a grocery store?**

> 'how about'은 상대방에게 제안하는 표현으로, '~하는 게 어때?'라는 뜻으로
> 자주 사용되는 표현이다. 반드시 숙지하도록 하자.

③ **We're already out of food supplies.**

> 'out of'는 '다 떨어진'이라는 뜻으로 사용되며, 뒤의 명사만 바꿔서 다양하게
> 적용할 수 있다.

집에 나서기 전에 인사하기

Dialogue ❷ 일과 후 집에 늦게 오는 경우

정부인 **Do you come home early today?**
당신 오늘 집에 일찍 와?

① 송일상 **Sorry, I have staff dinner.**
미안, 나 오늘 회식 있어.

② 정부인 **How come you have staff dinner every day?**
왜 당신은 허구한날 회식이야?

③ 송일상 **Why don't you stop nagging me?**
그만 좀 잔소리 하지 그래?

④ 정부인 **Have you ever listened to me?**
내 말을 듣기나 했어?

잦은 회식은 부부싸움의 원인이 된다!
회식도 적당히, 음주도 적당히, 건강과 가족을 생각해보자!

① **Sorry, I have staff dinner.**

'staff dinner'는 회식을 나타낸다.

② **How come you have staff dinner every day?**

'how come'은 단순한 이유를 묻는 표현이 아니라, '도대체 왜 그러지? 어째서 그렇지?'라는 의미가 들어가 있다.

③ **Why don't you stop nagging me?**

'Why don't you~?'는 '~할래?'라는 부탁의 의미를 가지고 있다.

④ **Have you ever listened to me?**

상대방의 대화를 듣는다는 표현은 'hear'을 쓰지 않고 'listen to'를 써야 한다. 'hear'는 소리가 들리다라는 뜻으로 사용된다.

Do you come home early today?

당신 오늘 일찍 집에 와?

I have no plan today.

오늘 약속 없어.

I have staff dinner.

회식 있어.

How come you have staff dinner every day?

왜 당신은 허구한날 회식을 하지?

plan	계획
grocery store	식료품점
out of	바닥난
food supplis	음식
staff meeting	회의
how come	왜?
listen to	~을 듣다
early	이른
until	~까지
nag	잔소리하다

출근하는 방법에 따른 표현

❶ 대중 교통을 이용하는 경우

정부인 **Do you go to work with your car today?**
당신 오늘 차 가지고 회사에 갈거야?

① 송일상 **No way, I'll take a subway.**
아니, 나 오늘 지하철 탈거야.

② 정부인 **Do you know you have to transfer in Seoul Station from Line 1 to Line 4?**
당신 서울역에서 1호선에서 4호선으로 갈아타야 하는 것 알고 있지?

③ 송일상 **Of course, I do. By the way, do I need to top up my card?**
물론 알고 있지, 근데 내 카드 충전해야 돼?

④ 정부인 **You don't have to.**
그럴 필요 없어.

⑤ 정부인 **When you get off the subway, you can touch your credit card to a reader.**
전철에서 내릴 때, 당신의 카드를 리더기에 대면 돼.

많은 대중 교통 수단 중 지하철을 타고 출근하는 상황을 살펴보자!.
실생활에서 바로 응용할 수 있는 표현들을 배워보자!

Expression Tip

① **No way, I'll** take a subway.

'take + 교통 수단'을 이용하면, 다양하게 적용하여 사용할 수 있다.

② **Do you know you have to** transfer **in Seoul Station from Line 1 to Line 4.**

'transfer'는 '환승하다'라는 뜻으로, 지하철 뿐만 아니라 비행기 환승에도 적용해서 사용할 수 있다.

③ **Do I need to** top up my card?

'top up'은 '충전하다' 혹은 '채우다'라는 표현으로 사용할 수 있다.

④ **You** don't have to.

'You don't have to top up your card.'를 줄여서 'You don't have to.'로 이야기 할 수 있다. 같은 이야기를 두번 반복하는 것보다 오히려 자연스러운 표현이 된다.

⑤ **When you** get off **the subway,**

'get off'는 '내리다'라는 뜻으로, 뒤에 교통 수단을 붙여서 응용하면 손쉽게 사용 가능하다.

출근하는 방법에 따른 표현

Dialogue ❷ 자가용을 이용하는 경우

정부인 **Do you go to work with your car today?**
당신 오늘 차 가지고 회사에 갈거예요?

① 송일상 **Sure, but I have to fill up my tank.**
물론이지, 근데 나 오늘 기름 넣어야 돼.

② 정부인 **You had better get moving, It's already 7:30.**
당신 서둘러야 할 것 같은데, 벌써 7시 30분이야.

③ 송일상 **Oh, lord. The traffic's probably going to be pretty heavy at this time.**
오, 이런. 지금 교통량이 상당히 많을 것 같은데.

④ 정부인 **Come on.**
서둘러.

자가용을 타고 출근하는 길은 교통 체증으로 인해 지칠 수 있다. 출근 전 연료 확인은 필수! 관련된 표현을 배워보자!

Expression Tip

① **Sure, but I have to fill up my tank.**

'fill up my tank'는 '기름을 넣다'라는 뜻으로 사용된다.

② **You had better get moving, It's already 7:30.**

'get moving'은 '서두르다'라는 뜻이다.

③ **Oh, lord. The traffic's probably going to be pretty heavy at this time.**

교통량이 많다는 표현은 'heavy'를 사용하여 나타낸다.

④ **Come on.**

'come on'은 다양한 의미로 사용될 수 있다. 여기서는 '서둘러'의 의미로 상대방을 재촉할 때 사용할 수 있다.

Expression Review

I'll take a subway.

나는 지하철 탈거야.

2

You have to transfer in Seoul station.

서울역에서 환승해야 돼!

3

Do I need to top up my card?

내 카드 충전해야 돼?

4

I have to fill up my tank.

기름 넣어야 해.

5

The traffic is heavy!

교통량이 많아.

subway	지하철
transfer	환승하다
top up	충전하다
get off	내리다
fill up	채우다
traffic	교통량
heavy	(교통량이) 많은
get moving	서두르다
pretty	상당히, 꽤
probably	예쁜 아마도

Chapter

02

직장에서 벌어지는 일

하루 중 가장 많은 시간을 직장에서 보낸 현대인!
송일상과 함께 직장에서 필요한 표현을 배워보도록 하자!

동료와 가벼운 인사 및 안부 묻기

Dialogue ❶ 정시에 출근한 경우

① 송일상 **Good mornig! I'm right on time.**
좋은 아침, 딱 맞춰왔네요.

② 허동료 **Don't forget to punch your time card.**
출근부 찍는거 잊지마세요.

송일상 **Thank you, what is the important thing today?**
고마워, 오늘 중요한 일이 뭐가 있죠?

③ 허동료 **We have to submit the report today.**
오늘 부장한테 보고서 제출해야 합니다.

④ 송일상 **Oh no, I have't completed the report yet.**
안돼, 아직 보고서 준비 다하지 못했는데.

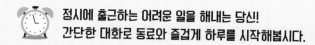

정시에 출근하는 어려운 일을 해내는 당신!
간단한 대화로 동료와 즐겁게 하루를 시작해봅시다.

Expression Tip

① **I'm** right on time.

'right on time'은 '정시에 맞춰 오다'라는 뜻으로, 시간 약속과 관련된 표현에서 다양하게 이용할 수 있다.

② **Don't forget** to punch your time card.

'punch one's time card'는 '출근부를 찍다'라는 표현으로 'punch'라는 단어를 이용하여 'punch one's transportation card'는 '교통카드를 찍다'와 같이 응용하여 표현할 수 있다.

③ **We have to** submit the report **today**.

'submit'는 '제출하다'의 의미로, 다양한 명사와 함께 사용할 수 있다. 같은 표현으로 'hand in'을 사용해서 나타낼 수 있다.

④ **I have't** completed **the report** yet.

'haven't completed ~ yet'은 '아직까지 완료하지 못했다'는 뜻으로, completed 뒤의 명사를 응용하여 다양하게 표현할 수 있다

ex I haven't completed the task yet. (아직 일을 완료하지 못했어.)

Dialogue ❷ 지각한 경우

① 송일상 **Oh, god. I'm late again.**
안 돼. 나 오늘 또 늦었어.

② 허동료 **Our boss is sensitive about being late.**
요즘 부장님이 출근 시간에 예민한거 같아, 조심해.

③ 허동료 **Why are you late?**
왜 늦었어?

④ 송일상 **I felt very sick early in the morning.**
아침에 몸이 좀 안좋았거든.

⑤ 허동료 **Fair enough. Take care of your condition.**
그렇구나, 건강에 신경써.

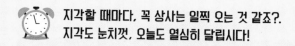

지각할 때마다, 꼭 상사는 일찍 오는 것 같죠?.
지각도 눈치껏, 오늘도 열심히 달립시다!

① **I'm late again.**

'late'는 '늦은'이라는 형용사 표현으로 be동사와 함께 사용한다.
또한 자주 반복되는 일을 이야기할 때는 문장 끝에 'again 다시'을 사용하여
표현하면 된다.

② **Our boss is** sensitive about beig late.

'sensitive'는 '민감한'이라는 뜻으로, 전치사 'about'과 함께 '~에 대해 민감
한'이라는 표현으로 다양하게 응용할 수 있다.

③ **Why** are you late?

상대방에게 이유를 물을 때, 상대방이 앞서 말한 문장에 'why 왜'라는 의문사
를 붙여 다양하게 표현할 수 있다.

④ **I felt very sick** early in the morning.

'feel sick'은 '몸이 좋지 않다'라는 뜻이다. 같은 표현으로는 be동사와 함께
'out of sorts 컨디션이 좋지 않은'이라는 뜻으로 바꿔 사용할 수 있다.

⑤ **Fair enough. Take care of** your condition.

'fair enough'는 '그래 그렇구나'라는 뜻으로 상대방에 대한 강한 공감의 표현
이 아니라, '그냥 뭐 그렇구나' 정도의 뜻으로 사용할 수 있다.
'take care of'는 '~을 돌보다'라는 뜻으로 사용되며, 뒤에 위치하는 명사를
이용하여 다양하게 응용할 수 있다.

1

I'm right on time.

정시에 도착했어요!

2

Punch your time card.

출근부를 찍으세요.

3

We have to submit the report today.

오늘 보고서를 제출해야 합니다.

4

I'm late again.

오늘 또 늦었네요.

5

I felt very sick early in the morning.

아침에 몸이 매우 아팠어요.

forget	잊다
complete	완료하다
sensitive	민감한
fair enough	(동의 표현) 그렇구나
take care of	돌보다
condition	상황, 건강
punch	대다, 찍다
submit	제출하다
report	보고서
boss	상사

Dialogue ❶ 회의 일정 및 관련 정보에 대해 묻기

① 송일상 **Don't we have a meeting this morning?**
오늘 아침에 회의 있지 않아요?

② 허동료 **Yes, we have a meeting at the 3rd floor conference room at 11.**
맞아요, 11시에 3층 회의실에서 있어요.

③ 송일상 **What is the main topic of today's meeing?**
오늘 회의 주제가 뭐예요?

④ 허동료 **We are talking about some marketing strategies for our new product.**
새로운 제품에 대한 홍보 전략에 대해 이야기할 것 같아요.

송일상 **It will take so long.**
오늘 회의 길어지겠네요.

Expression Tip

① **Don't we have a meeting this morning?**

'Don't'로 묻는 의문문은 '~하지 않나요?'라는 뜻으로 사용된다.
또한 'this morning'은 '오늘 아침'이라는 뜻으로 '오늘'이라는 표현을 사용하고 싶으면 'this'를 붙여 응용하면 된다.

ex this evening (오늘 저녁)

② **Yes, we have a meeting at the 3rd floor conference room at 11.**

부정문으로 질문을 받았을 때 당황하지 말고, 미팅이 있으면 'yes', 없으면 'no'를 통해 의사를 표현하면 된다. 또한 장소와 시간을 표현할 때는 장소 먼저 표현하고 시간을 표현한다.

③ **What is the main topic of today's meeing?**

'main topic'은 주된 안건 및 주제를 나타내는 말로 회의 상황 속에서 자주 사용한다.

④ **We are talking about some marketing strategies for our new product.**

'be talking about'은 '~에 대해 말할 예정이다'라는 뜻으로 뒤에 나오는 명사를 변형하여 다양하게 표현할 수 있다.
또한 'marketing strategy'는 '광고 전략'이라는 표현으로 자주 사용하니 체크해두도록 하자.

Dialogue ❷ 프레젠테이션과 관련된 표현 (1)

① 송일상 **Who is in charge of the presentation today?**
오늘 회의 발표자 누구예요?

② 허동료 **Mr. Oh will be.**
Mr 오가 발표를 할 예정이다.

③ 송일상 **Oh, I see. How do you think about his opinion?**
그렇군요, 그의 의견에 대해 어떻게 생각해요?

④ 허동료 **Up to a point I agree with him but I don't know what he intends yet.**
어느 정도 동의는 하지만, 아직은 잘 모르겠어요.

⑤ 송일상 **If so, let's listen to him first.**
그렇다면, 일단 그의 발표를 들어보죠.

회의만큼 자주 접하는 상황은 프리젠테이션일 것입니다.
관련된 표현을 살펴보도록 합시다!

① **Who is in charge of the presentation today?**

'in charge of'는 '~에 책임있는'이라는 표현으로 또한 의문사 'who'를 통해 사람에 대해 묻는 의문문을 표현할 수 있다. 같은 표현으로 'Who is the presenter?'와 같이 조금 더 직접적으로 물을 수도 있다.

② **Mr. Oh will be.**

여기서 be동사는 앞문장의 내용 'is in charge of the presentation'를 받아주는 대동사로 사용했다. 실제 대화에서는 앞서 언급한 내용을 다시 말하는 것 보다는 대동사를 통해 표현하는 것이 조금 더 자연스러울 수 있다.

③ **How do you think about his opinion?**

'How do you think about ~ ?'는 '~에 관해 어떻게 생각하세요?'라는 뜻으로, 상대방의 의견을 물을 때 사용하는 표현이다.

④ **Up to a point I agree with him**

'up to a point'는 '어느 정도'란 표현으로 사용된다. 또한 'agree with'라는 표현은 '~에 동의하다'라는 뜻으로 사용되며, 상대방 의견에 대한 대답으로 자주 이용할 수 있다.

⑤ **If so, let's listen to him first.**

'If so'는 '만약 그렇다면'이란 뜻으로, 'so'를 통해 상대방의 이야기를 다 받아주는 표현이다. 또한 'listen to 사람'은 '~의 이야기를 듣다'라는 뜻으로 사용된다.

Dialogue ❸ 프레젠테이션과 관련된 표현 (2)

① Mr 오 **I'm delighted to tell you our project today.**
여러분께 이 프로젝트에 대해 말씀드리게 되어서 기쁩니다.

② Mr 오 **This presentation is going to take about 10 minutes.**
이 프레젠테이션은 10분간 진행될 예정입니다.

Mr 오 **Please ask question at the end of my presentation.**
발표가 끝난 후에 질문을 받겠습니다.

③ Mr 오 **Today's topic is about "Organizational Behavior".**
오늘의 주제는 조직행동에 관련된 것입니다.

④ Mr 오 **Then, let's move on to the next point.**
그러면, 다음 주제로 넘어가겠습니다.

Thank you for your time and attention.
시간 내어 경청해주셔서 감사합니다.

회의만큼 자주 접하는 상황은 프리젠테이션일 것입니다.
관련된 표현을 살펴보도록 합시다!

Expression Tip

①- I'm delighted to **tell you our project today.**

'I'm delighted to ~ v'는 '~하게 되어 기쁘다'라는 표현으로 사용된다. 주로 어떤 자리나 모임에 인사말로 사용되니, 잘 기억해두도록 하자.

②- **This presentation is going to** take **about** 10 minutes.

'take + 시간'은 '시간이 걸리다'라는 뜻으로 사용된다.

③- Today's topic is about **"Organizational Behavior"**

'Today's topic is about'는 주제를 말할 때 사용하는 표현이다. 'about' 뒤에 다양한 명사를 이용해서 응용표현을 만들 수 있다.

④- **Then,** let's move on to **the next point.**

'let's move on to'는 다음 주제로 넘어갈 때 사용하는 표현이다. 'to' 뒤에 다양한 명사를 넣어 응용표현을 만들어 보자.

We have a meeting today.
오늘 회의 있습니다.

What is the main topic of today's meeting?
오늘 회의 주제가 뭔가요?

Who is in charge of the presentation today?
오늘 누가 발표하나요?

How do you think about his opinion?
그의 의견에 대해 어떻게 생각하시나요?

Today's topic is about "Organizational Behavior."
오늘의 주제는 조직행동에 관련된 것입니다.

conference room	대회의실
main topic	주제
strategy	전략
presentation	발표
in charge of ~	~에 책임있는
opinion	의견
up to a point	어느 정도
agree	동의하다
intend	의도하다
listen to	듣다

거래처와의 업무

① 송일상 **I saw the price list you had sent. Could you give us a discount?**

보내주신 가격리스트 봤습니다. 혹시 할인 가능합니까?

② 거래처 직원 **I'm sorry, this is our best price.**

죄송합니다, 이 가격이 저희가 드릴 수 있는 최저 가격입니다.

③ 송일상 **Alright, after I see your sample, I'll place an order.**

알겠습니다. 샘플을 본 후에 주문을 하도록 하겠습니다.

송일상 **If we place an order for 1,000 products, can we receive extra discounts?**

1,000개를 더 주문하면, 가격이 내려가나요?

④ 거래처 직원 **Sorry, we will send you as various sample as possible.**

미안해요. 물건은 최대한 다양하게 보내도록 하겠습니다.

⑤ 거래처 직원 **And we guarantee of the quality of our products.**

물건의 품질은 확실히 보장합니다.

융통성있게 업무를 대처할 줄 아는 사람이 성공도 빠르다는 것!
협상도 유연하게 할 줄 아는 직장인이 되어봅시다.

Expression Tip

① **I saw** the price list **you had sent. could you give us a discount?**

'the price list'는 '가격리스트'라는 뜻으로 사용되며, 'give a discount'는 '할인하다'란 뜻으로 사용된다.

② **this is** our best price.

'our best price'는 '최저 가격'이라는 표현으로 '우리가 줄 수 있는 최선의 가격' 이라는 의미를 담고 있다.

③ **I'll** place an order.

'place an order'는 '주문하다'란 뜻으로, '~을 주문하다'라는 뜻으로 사용하려면 전치사 'for'를 사용하여 표현하면 된다.

④ **We will send you** as **various sample** as possible.

'as ~ as possible'는 '가능한 ~만큼'이라는 뜻으로 'as'와 'as' 사이에 형용사를 넣어 다양하게 응용할 수 있다.

⑤ **we** guarantee **of the quality** of our products.

'guarantee'는 '보장하다'란 뜻으로, 전치사 'of'와 함께 사용하여 다양하게 응용가능하다. 또한 'the quality'는 무언가의 품질을 이야기할 때 사용한다.

거래처와의 업무

Dialogue ❷ 거래처와 계약을 체결하는 경우

① 송일상 **We reviewed your contract that you had sent before.**
전에 보내주신 계약서 검토했습니다.

② 거래처 직원 **Really? What do you think about it?**
정말요? 어떻게 생각하시나요?

③ 송일상 **We have decided to accept it.**
우리는 그 계약을 수용하기로 결정했습니다.

④ 거래처 직원 **I'm very pleased to hear that.**
그 소식을 들으니 기분이 정말 좋네요.

송일상 **We'd like to meet you and talk about details about the contract next Monday.**
다음 주에 만나서 세부 내용을 이야기하고 싶네요.

한번 제대로 성사된 계약은, 열 아들 부럽지 않습니다.
다음 표현과 함께, 멋지게 계약을 체결해봅시다!

① **We reviewed your contract that you had sent before.**

'review the contract'는 '계약을 검토하다'라는 뜻으로 사용하며, 'review' 뒤에 다양한 명사를 사용하여 표현을 할 수 있다.

ex review a report (보고서를 검토하다)

② **Really? What do you think about it?**

'What do you think about ~ ?'는 '~에 대해 어떻게 생각하니?'라는 표현으로 같은 표현으로는 'how do you think about ~ ?'으로 바꿔쓸 수 있다. 상대방의 의견을 물어볼 때 사용한다.

③ **We have decided to accept it.**

'decide'는 '결정하다'라는 뜻과 함께 'accept'는 '수용하다'라는 뜻이 합쳐져 제안에 대한 수용을 나타낸다.

④ **I'm very pleased to hear that.**

여기서 'that'은 앞문장을 의미하며, 'I'm pleased to hear that' '앞문장을 들어서 기쁘다'라는 뜻으로 사용된다. 또한 'hear' 대신에 다른 동사를 사용하여 다양하게 표현이 가능하다.

⑤ **We'd like to meet you and talk about details about the contract next Monday.**

'would like to ~'는 '~하고 싶다'란 뜻으로, 다양한 동사를 이용해 자신의 소망을 표현할 수 있다. 또한 'details'는 '세부 사항, 세부 내용'을 뜻한다.

거래처와의 업무

Dialogue ❸ 거래처에게 불만을 제기하는 경우

① 송일상 **I heard that there's going to be shipping delays.**
배송 지연이 있을 것이라고 들었습니다.

② 거래처 직원 **We apologize for any inconvenience caused.**
이 문제로 불편을 드려 죄송합니다.

③ 거래처 직원 **Actually, the ship didn't leave for Seoul due to bad weather.**
사실은, 날씨로 인해 배가 출발하지 못했습니다.

④ 송일상 **Hmm, I'm really embarrassed to hear that.**
흠... 그 이야기를 들으니 정말 당황스럽네요.

송일상 **Do you compensate us for the loss?**
손해는 그쪽에서 배상할 건가요?

거래처 직원 **Yes, we'll compensate you for the loss.**
저희가 손해를 배상하도록 하겠습니다.

After I discuss this problem with my boss, I'll contact you as soon as possible.
상사에게 말씀드린 뒤 연락드리겠습니다.

불평을 잘 표현하는 것도!
멋진 업무의 능력 중 하나, 불만 제기에 대한 표현을 배워봅시다!

Expression Tip

① **I heard that there's going to be shipping delays.**

> 'I heard that ~'는 '~을 들었다'라는 표현으로 사용되며, 'that' 뒤로 다양하게 문장을 만들어서 응용할 수 있다.
> **ex** I heard that you were sick yesterday. (당신이 어제 아팠다고 들었어)
> 또한 'shipping delays'는 '배송 지연'이란 뜻으로 사용된다.

② **We apologize for any inconvenience caused.**

> 'apologize'는 '사과하다'라는 뜻으로 이유를 나타내는 전치사 'for'와 함께 사용해서 표현할 수 있다.

③ **Actually. the ship didn't leave for Seoul duet to bad weather.**

> 'Actually'는 어떠한 사실을 정정할 때 주로 사용된다. 또한 'leave for'는 '~을 향해 떠나다'라는 뜻으로, 'leave(떠나다)'와는 반대의 뜻이 되므로 유의해서 사용하도록 하자.

④ **Hmm, I'm really embarrassed to hear that. What should I do?**

> 'what should I do?'는 주로 조언을 구할 때 사용하는 표현으로, '어떻게 하죠?'라는 의미를 담고 있다.

⑤ **We'll compensate you for the loss.**

> 'compensate A for B'는 'A에게 B에 대해 보상하다'라는 뜻이다.

Could you give me a discount?

할인을 해주실 수 있나요?

This is our best price.

우리가 드릴 수 있는 최선의 가격입니다.

We reviewed your contract that you had sent before.

보내주신 계약서 검토했습니다.

We have decided to accept it.

계약을 수용하기로 결정했습니다.

5

There's going to be shipping delays.

배송 지연이 있을 것입니다.

6

We'll compensate you for the loss.

우리가 당신에게 손해를 배상하도록 하겠습니다.

Words & Expressions

price list	가격표
place an order	주문하다
various	다양한
guarantee	보장하다
quality	품질
contract	계약
shipping delays	배송지연
apologize	사과하다
inconvenience	불편
embarrassed	당황한

점심식사와 관련된 표현

Dialogue ❶ 점심식사 장소 정하기

① 송일상 **We did a lot of work this morning. It's already lunch time.**
오늘 아침에 너무 많은 일을 했네요. 벌써 점심시간이네.

② 허동료 **What kind of foods do you like to eat?**
점심으로 뭐 먹으러 갈까요?

③ 송일상 **I'm hungry engouh to eat anything.**
배가 너무 고파서, 뭐든 먹을 수 있을 것 같아요.

④ 허동료 **Why don't we go to a japanese restaurant?**
There is a good one not far from here.
일식집 갈래요? 멀지 않은데 괜찮은 곳 있어요.

⑤ 송일상 **Sure, Let's get a move on.**
좋아요! 얼른 갑시다.

직장인의 하루 중 제일 기대되는 점심식사!
점심식사와 관련된 표현을 배워봅시다~!!

Expression Tip

① **We did** a lot of **work this morning. It's** already **lunch time.**

> 'a lot of'은 '많은'이라는 뜻으로, 명사 앞에 붙여 사용할 수 있다.
> 'already'는 '이미, 벌써'라는 뜻의 부사이다.

② **What kind of foods** do you like to eat?

> 'what kind of'는 '무슨 종류의'라는 뜻으로 다양한 선택을 물을 때 사용한다.

③ **I'm** hungry enough **to eat anything.**

> 여기서 'enough'는 'hungry'를 꾸며주는 역할을 한다. 이렇듯 형용사와 부사
> 를 강조하는 표현을 할 때, 'enough'를 사용하면 된다.

④ **Why don't we** go to a japanese restaurant?
There is a good one not far from here.

> 'Why don't we ~'는 '~할래요?'라는 뜻으로 함께 무언가를 하려 할 때 사용
> 하는 표현이며, 뒤에 동사를 붙여 다양하게 응용할 수 있다.
> 'not far from here'는 '여기서 멀지 않아'라는 뜻으로 사용한다.

⑤ **Let's get a move on.**

> 'Let's get a move on'은 다음 행동으로 넘어가는 상황에서 자연스럽게 사용
> 할 수 있는 표현이다.

점심식사와 관련된 표현

Dialogue ❷ 점심식사 주문하기

① 점원 **May I take your order?**
주문 하시겠어요?

② 허동료 **Okay. Please give us special sushi for two.**
스페셜 초밥 2인분 주세요.

점원 **Is there anything you need?**
더 필요하신 거 있으십니까?

③ 송일상 **No thanks, if so, I'll tell you later.**
아니요, 만약 필요하면 나중에 말씀 드릴게요.

④ 점원 **Okay, Enjoy your meal!**
알겠습니다. 좋은 식사되세요!

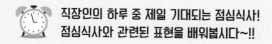

직장인의 하루 중 제일 기대되는 점심식사!
점심식사와 관련된 표현을 배워봅시다~!!

Expression Tip

① **May I take your order?**

> 'May I take your order?'는 '주문하시겠어요?'라는 뜻으로 'Are you being served?'로 바꿔 사용할 수 있다.

② **Please give us special sushi for two.**

> 여기서 'for two'는 2인분을 나타내는 표현이다. 숫자만 바꿔 원하는 의미로 응용 가능하다.

③ **No thanks, if so, I'll tell you later.**

> 'No, thanks'는 완곡한 거절을 나타낼 때 사용하는 표현이다.

④ **Okay, Enjoy your meal!**

> '맛있게 드세요'라는 뜻과 가장 비슷한 표현이 'enjoy your meal'이다. 식사 시작 전에 가볍게 분위기를 띄울 때 사용할 수 있다.

Dialogue ❸ 점심식사 계산하기

1 점원 **If you finish your meal, I'll check you out.**
식사 마치시면, 계산 도와드리겠습니다.

2 허동료 **It's on me.**
제가 낼게요.

3 송일상 **How about splitting the bill?**
나눠서 내는 게 어때요?

4 허동료 **I'll pay for this bill, so how about buying some coffee?**
이건 제가 계산할테니, 그럼 커피 사시죠?

송일상 **Okay, Thank you.**
알겠습니다. 고맙습니다.

계산 표현은 언제 어디서든 자주 사용할 수 있습니다!
확실히 인지해두도록 합시다!

① **I'll check you out.**

> 'check out'은 '계산하다'라는 뜻으로, 상점 및 음식점 뿐만 아니라 호텔에서도 사용될 수 있는 표현이다. 단 여기서 'check out you'라고 쓰면 틀린 표현이 된다. 꼭 'check you out'의 순서를 지켜 사용해야 히는 점을 기억하자.

② **It's on me.**

> 'It's on me'는 '내가 낼게' 혹은 '내가 쏠게'라는 표현이다.

③ **How about splitting the bill?**

> 'split the bill'는 '나눠 계산하다'라는 뜻이다. 비슷한 표현으로 쓸 수 있는 더치 페이는 'Let's go dutch'라고 표현한다. '더치 페이'라는 표현은 외국인이 들었을 때, 어색한 표현이 될 수 있으므로, 유의해서 사용하자.

④ **I'll pay for this bill,**

> 'pay for'는 '~을 지불하다'라는 뜻으로 사용된다. 또한 계산서를 나타내는 'bill'은 'tab', 'check'으로 바꿔서 사용할 수 있다.

It's already lunch time.
벌써 점심 시간이네요.

What kind of foods do you like to eat?
점심으로 뭐 먹을래요?

3

There is a good one not far from here.
멀지 않은 곳에 좋은 곳 있어요.

4

May I take your order?
주문 하시겠습니까?

5

It's on me.
내가 낼게요.

6

How about splitting the bill?
나눠서 내는 게 어때요?

a lot of	많은
hungry	배고픈
meal	식사
finish	마치다
check out	계산하다
pay for	지불하다
bill	계산서
buy	사다
already	이미
special	특별한

일상 업무와 관련된 표현

Dialogue ❶ 전화 응대하기

① 허동료 **Hello, This is ABC comapny.**
안녕하세요, ABC회사입니다.

고객 **This is Jennifer. I want to talk to Mr. Song.**
저는 Jennifer입니다. Mr 송과 통화하고 싶은데, 바꿔주실 수 있나요?

② 허동료 **Oh, He is out to meet other clients. Could you leave me a message?**
지금 부재중이신데, 메시지 남겨드릴까요?

③ 고객 **Sure. Please tell him that I'm going to drop by his office at 3 p.m.**
네, 오후 3시 경에 사무실로 방문한다고 전해주세요.

④ 허동료 **Alright. I'll sure to give him your message.**
알겠습니다. 꼭 전해드리도록 하겠습니다.

수없이 걸려오는 업무와 관련된 전화!
조금 더 잘 응대할 수 있다면, 나만의 장점이 될 수 있습니다!

① **Hello, This is ABC comapny.**

전화 중에는 'This is'라는 표현으로 전화 받는 사람의 신원을 나타낼 때 사용한다.

② **He is out to meet other clients. Could you leave me a message?**

'he is out'은 자리를 비웠을 때 사용하는 표현이다. 또한 통화를 원하는 사람과 바로 통화를 연결하지 못할 때 주로 'could you leave me a message? 라는 표현으로 전달 사항에 대해 물을 수 있다.

③ **Please tell him that I'm going to drop by his office at 3 p.m.**

'drop by'는 '잠시 방문하다'라는 뜻으로, 'come by' 또는 'stop by'를 사용해서도 표현 가능하다.

④ **Alright, I'll sure to give him your message.**

'I'll sure to ~'는 '~하는 것을 확실히 하다'라는 뜻으로 뒤에 동사를 붙여 손쉽게 응용하여 사용할 수 있다.

ex I'll sure to help you (당신을 꼭 돕겠습니다)

Dialogue ❷ 음료 접대하기

① 송일상 **Who are you looking for?**
어떤 분을 찾으시고 있나요?

② 고객 **I'm looking for Mr. Her. I promised to meet him at 2.**
'Mr 허'를 찾고 있습니다. 2시에 만나기로 했습니다.

③ 송일상 **Please have a seat and wait. Would you like something to drink?**
잠시 앉아서 기다려주세요. 마실 것 좀 드릴까요?

고객 **A cup of water please.**
물 한 잔 주세요.

④ 송일상 **Okay, I think he may stepped out. I'll find him.**
알겠습니다. 지금 잠깐 나가신 것 같은데, 제가 찾아볼게요.

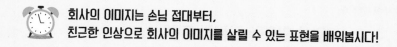

Expression Tip

① **Who are you** looking for?

> 'look for'는 '찾다'라는 뜻으로 쓰인다. 'look' 뒤에 다른 전치사를 붙여 다양한
> 의미로 표현할 수 있다.
>
> **ex** look at(보다), look after(돌보다), look like(~처럼 보이다)

② **I** promised to **meet him at 2**.

> 'promise to'는 '~할 것을 약속하다'라는 뜻으로 뒤에 다양한 동사를 붙여 약
> 속표현을 완성할 수 있다.
>
> **ex** promise to study(공부할 것을 약속하다)

③ **Would you like something to drink?**

> 'would you like something to drink?'는 음료를 권할 때 쓰는 표현이다.
> 'would'를 사용해 정중한 표현을 나타낼 수 있으므로, 다양한 응용해 보자.

④ **I think he may have** stepped out.

> 'step out'은 '잠시 나가다'라는 뜻으로 사용된다. 앞서 배운 'he is out'과 같은
> 뜻으로 사용할 수 있다.

Dialogue ❸ 복사기에 문제가 발생한 경우

① 송일상 **This photocopier is jammed again.**
복사기가 또 걸렸네요.

② 허동료 **Again? It was out of toner yesterday.**
또요? 어제는 토너가 다 떨어졌는데.

③ 송일상 **Ah, due to that, copies were blurry and stripped.**
아, 그래서 어제 인쇄본이 흐리고, 줄이 가게 나왔군요.

④ 허동료 **I heard that a repairman is going to fix it this afternoon.**
오늘 오후에 고친다고 들었어요.

⑤ 송일상 **Really? I wish it could be replaced with new one.**
정말요? 새 것으로 바꾸면 더 좋을텐데.

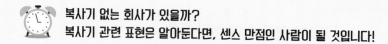

복사기 없는 회사가 있을까?
복사기 관련 표현은 알아둔다면, 센스 만점인 사람이 될 것입니다!

Expression Tip

① This photocopier is jammed **again.**

> 'jammed'는 '엉겨붙은', '달라붙은'이라는 의미로 사용된다. 자주 쓰는 다른 표현은 'traffic jam(교통 체증)'이 있다.

② It was out of **toner yesterday.**

> 'be out of'라는 표현은 '소진되다, 다 써버리다' 뜻이다. 같은 뜻으로 'run out of' 를 사용해 표현할 수 있다.

③ Ah, due to **that, copies were** blurry **and stripped.**

> 'due to'는 '~때문에'라는 뜻으로, 'because of'를 이용해 표현해도 좋다. 인쇄하는 과정에서 자주 발생하는 문제점은 흐릿하게 나오는 점일 것이다. 'blurry'는 '흐릿한'이라는 뜻으로 자주 이용될 수 있다.

④ I heard that a repairman is going to fix **it this afternoon.**

> 'is going to'는 '~할 계획이다'라는 뜻으로, 이미 계획되어진 일을 나타낼 때 사용한다. 이때 'to' 뒤에 다른 동사를 붙여 다양하게 이용할 수 있다. 'fix'는 '고치다'라는 뜻으로, 여기서는 'repair'로 바꿔 사용할 수 있다.

⑤ I wish it could be replaced with **new one.**

> 'I wish'는 '좋을텐데'라는 뜻으로, 현재 사실에 대한 아쉬움을 나타내는 표현이다. 'replace A with B'는 'A를 B로 바꾸다'라는 뜻으로 자주 사용되는 문장이다.

Unit 05 일상 업무와 관련된 표현

① 허동료 **We need to buy some more office supplies.**
사무 용품을 좀 더 사야할 것 같아요.

② 송일상 **When I saw the store on the way to work, it already closed.**
오면서 봤는데, 사무용품점이 문을 닫았던데요.

③ 허동료 **We ran out of paper. so I think we might not use this copier.**
복사 용지가 다 떨어져서, 오늘 이 복사기를 사용하지 못할 수 있어요.

④ 송일상 **Wait a second. I have a meeting today. I have to find the way to fix it.**
잠깐만! 나 오늘 회의 있는데, 방법을 찾아야겠군요.

허동료 **Let's contact the maintenance department, first.**
일단 관리부에 연락해 보죠.

사무 용품은 직장인에게 총과 같은 필수품!
관련된 표현을 배워보도록 합시다!

Expression Tip

① **We need to buy some more office supplies.**

'need to'는 '~할 필요가 있다'라는 뜻으로 사용되며, 뒤에 동사를 이용해 다양하게 표현할 수 있다. 'office supplies' 는 복사 용지, 필기구, 서류철 등 업무에 필요한 용품을 총칭한다.

② **When I saw the store on the way to work, it already closed.**

'on the way to'는 '~로 향하는 길에' 라는 뜻으로 'to' 뒤에 다양한 명사를 넣어서 응용할 수 있다.

ex on the way to grocery store (식료품점에 가는 길에)

③ **so I think we might not use this copier.**

'might'는 어떠한 일의 발생 여부에 대해서 확신 정도가 낮을 때 사용한다.

④ **Let's contact the maintenance department, first.**

'Let's'는 '~하자'라는 뜻으로 상대방에게 청유할 때 쓰는 말이다. 같은 표현으로 'Why don't we'를 사용할 수 있지만, 'Let's'가 조금 더 자주 쓰는 표현이라는 점을 알아두자.

I want to talk to Mr. Song.
Mr 송과 통화하고 싶습니다.

He is out to meet other clients.
고객을 만나기 위해 지금 부재중입니다.

3

Could you leave me a message?
메시지 남겨드릴까요?

4

I promised to meet him.
그를 만나기로 약속했습니다.

Please have a seat and wait.
잠시 앉아서 기다려주세요.

client	고객
leave	남기다
drop by	들르다
look for	~을 찾다
wait	기다리다
step out	잠깐 나가다
find	찾다
want	원하다
office	사무실
on the way	~로 오는 길에

This photocopier is jammed again.

복사기가 또 걸렸어요.

This photocopier was out of toner yesterday.

어제 토너가 다 떨어졌어요.

A repairman is going to fix it this afternoon.

수리 기사가 오늘 오후에 고치기로 했어요.

We need to buy some more office supplies.

사무 용품을 좀 더 사야할 것 같아요.

Let's contact the maintenance department, first.

일단 관리부에 연락해 보죠.

Words & Expressions_ 2

jammed	엉겨붙은
due to	~때문에
blurry	흐린
stripped	줄이가는
replace	바꾸다, 대체하다
way	방법, 수단
on the way to work	출근 중에
maintenance department	관리부
wish	바라다
close	닫다

Dialogue ❶ 월차와 관련된 표현

① 허동료 **Tomorrow is finally friday.**
드디어 내일이 금요일이네요.

② 송일상 **Hmm, I'm taking a day off tomorrow.**
흠, 내일 저는 월차를 내야 해요.

③ 허동료 **Why? What's the matter?**
왜요? 무슨 일 있어요?

④ 송일상 **I have to go to the airport to pick up my mother-in-law.**
장모님을 공항으로 모시러 가야 해요.

허동료 **Oh, I see. I hope you will have a good time.**
그렇군요, 좋은 시간 되길 바래요.

열심히 일한 당신, 하루 정도는 푹 쉬어도 됩니다.
월차와 관련된 표현을 배워봅시다!

① **Tomorrow is finally friday.**

'finally'는 '마침내, 결국'이라는 표현으로 바라는 일이 현실로 다가왔을 때 사용한다.

② **Hmm, I'm taking a day off tomorrow.**

'take a day off'는 '월차를 내다'라는 표현으로 사용하며, 월차만큼 자주 쓰는 표현인 '병가를 내다'는 'take sick leave'로 표현한다.

③ **What's the matter?**

'What's the matter?'은 '무슨 문제 있어?'라는 뜻으로 상대방 말에 대한 궁금증을 나타내는 말이다.

④ **I have to go to the airport to pick up my mother-in-law.**

'pick up'은 '데리러 가다'라는 뜻으로 사용했으며, 'mother-in-law'는 '장모님'을 나타낸다.

ex father-in-law (장인어른)

Dialogue ❷ 출장과 관련된 표현

① 송일상 **I will be on a business trip next week for a week.**
다음 주에 일주일 동안 출장을 가요.

② 허동료 **Really? With whom?**
정말요? 누구랑 같이 가요?

③ 송일상 **I'm going to go to China with Mr. Oh in order to meet some buyers.**
Mr 오와 함께 중국 바이어들을 만나러 갑니다.

④ 허동료 **Can I take you to the airport?**
공항까지 태워줄까요?

송일상 **I appreciate you doing so. I'll buy gifts for you.**
정말 감사합니다. 선물 사올게요!

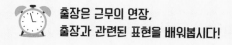

출장은 근무의 연장,
출장과 관련된 표현을 배워봅시다!

① **I will** be on a business trip **next week for a week.**

> 'be on a business trip'은 '출장 가다'라는 뜻으로 사용된다. 회사에서 자주
> 쓰는 표현이므로 반드시 알아두도록 하자.

② **Really?** with whom?

> 'with whom?'이라는 표현은 앞문장에 대한 응답 포함, 추가적으로 함께 가
> 는 사람을 물을 때 사용하면 된다.

③ **I'm going to go to China with Mr. Oh** in order to
meet **some buyers.**

> 'in order to'는 '하기 위해'라는 표현을 강조하는 표현으로, 'to' 뒤에 동사를
> 사용하여 표현하면 된다. 이 때, 'in order'는 생략이 가득하다.

④ **Can I** take **you** to **the airport?**

> 'take A to B'는 'A를 B에 데려다 주다'라는 뜻으로 사용된다.

⑤ **I** appreciate **you doing so.**

> 'appreciate'는 '감사하다'라는 뜻으로 'thank'보다 조금 더 격식있는 표현이
> 다. 'doing so'는 앞서 말한대로, 앞문장을 받아주며 '그렇게 한 것'에 의미가
> 된다.

Dialogue ❸ 휴가와 관련된 표현

① ▶ 송일상 **Do you have any vacation plan this summer?**

이번 여름 휴가 계획 있어요?

② ▶ 허동료 **I will go to Hawaii for six days five nights. How about you?**

5박 6일로 하와이에 다녀올 생각입니다. 당신은요?

송일상 **I will go to Japan with my family members.**

저는 가족과 함께 일본에 다녀올 생각입니다.

③ ▶ 허동료 **What kinds of activities will you do on summer vacation?**

휴가 중에 무슨 활동을 할거예요?

④ ▶ 송일상 **Without thinking about work, I'm going to go sightseeing leisurely.**

일에 대한 생각하지 않고, 편하게 관광하고 오려고요.

일년 중 직장인들이 가장 기다리는 때는?
100% 휴가일 것이다, 휴가 관련 표현을 배워봅시다!

① **Do you have any vacation plan this summer?**

'vacation'은 '휴가'라는 뜻으로 사용된다.

② **I will go to Hawaii for six days five nights.**

'six days five nights'는 '5박 6일'이라는 뜻이다. 숫자만 바꿔 여행 일정에 대한 표현을 쉽게 이용할 수 있다.

③ **What kinds of activities will you do on summer vacation?**

전치사 'on'을 사용하여, '휴가 중'이라고 표현할 수 있다.

④ **Without thinking about work, I'm going to go sightseeing leisurely.**

'go sightseeing'은 '관광하다'라는 의미로 사용된다.

Dialogue ❹ 급여와 관련된 표현

1) 송일상 **It's payday. Did you check your salary?**
오늘 월급날이네요. 월급 확인했어요?

2) 허동료 **Of course, thanks to my bonus, I got a raise.**
네, 성과금이 있어서 전달보다 월급이 인상되었네요.

3) 송일상 **I wish I were in your place. I got a pay cut due to a low performance review.**
제가 Mr 허였으면 좋겠네요. 저는 낮은 업무 성과 때문에 봉급이 깎였어요.

4) 허동료 **When you negotiate your annual salary, why don't you tell your boss a raise?**
이번에 연봉 협상할 때, 연봉 인상에 대해 말해 봐요.

송일상 **I think It's impossible.**
가능성이 없을 것 같은데요.

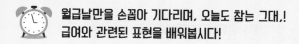

월급날만을 손꼽아 기다리며, 오늘도 참는 그대,! 급여와 관련된 표현을 배워봅시다!

Expression Tip

① **It's** payday. **Did you check your** salary**?**

> 'payday'는 '월급날'을 뜻한다. 'salary'는 '월급'을 의미하며, 우리가 회사원에 대해 자주 쓰는 '셀러리맨'이라는 표현은 이 단어에서 시작됨을 알 수 있다. ('셀러리맨'이라는 표현은 원어민에게 상당히 어색할 수 있으므로, 'business man' 이라는 표현이 적합하다.)

② thanks to **my bonus, I got a raise.**

> 'Thanks to'라는 표현은 '~덕분에'라는 뜻으로 사용된다. 'bonus'는 '성과금'이라는 의미로 사용되며, 'incentive'로 바꿔 사용할 수 있다. 또한 '월급이 오르다'라는 표현은 'I got a raise'라고 표현하면 된다.

③ **I wish I were in your place. I got a pay cut** due to a low performance review**.**

> 'I wish I were in your place'라는 표현은 '너였으면 좋을텐데'라는 뜻으로 가정법 표현이 다. 또한 'in your place' 대신에 'in your shoes'를 통해 표현할 수 있다. 'I got a pay cut'은 '월급이 깎이다'라는 뜻으로 사용된다. ②번에서 배운 월급이 올랐다는 표현과 같이 기억해두자!

④ **When you** negotiate your annual salary

> 'negotiate'는 '협상하다'라는 표현으로 거래, 연봉, 세부 사항 등 다양한 명사와 함께 사용할 수 있다. 'salary'가 '월급'을 나타낸다면, 'annual salary'는 '연봉'을 나타낸다.

⑤ **I think It's impossible.**

> 'It's impossible'은 '가능성이 없다'라는 뜻으로, 같은 뜻으로는 'Chances are slim'이라는 표현을 이용하여 사용할 수 있다.

Dialogue ❺ 승진과 관련된 표현

① 송일상 **The personnel appointment was announced.**

새로운 인사 발령이 났네요.

② 허동료 **Who got promoted to vice president?**

누가 부사장으로 승진했어요?

③ 송일상 **Mr. Oh did.**

Mr 오가 부사장으로 승진했네요.

④ 허동료 **It turned out as I had expected. I heard that he got a good performance review.**

예상대로 되었군요. Mr 오의 인사 고과 성적이 좋다고 들었거든요.

⑤ 송일상 **Actually, Mr. Kim was the most likely to get promoted, but It was changed at last minute.**

Mr 김이 유력 했었는데, 저도 솔직히 기대를 했는데, 아쉽네요.

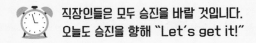
Expression Tip

①▸ **The personnel appointment was announced.**

'The personnel appointment'는 '인사 발령'이라는 뜻이다.

②▸ **Who got promoted to vice president?**

'get promoted'는 '승진하다'라는 뜻으로 사용된다.

③▸ **Mr. Oh did.**

여기서 'did'는 앞문장을 받아주는 표현으로 '미스터 오가 부사장으로 승진했어'의 의미를 가진다.

④▸ **It turned out as I had expected. I heard that he got a good performance review.**

'turn out'은 '~임이 판명되다'라는 뜻으로 사용될 수 있으며, 이때 'as'는 '~처럼'이라는 뜻으로 사용된다. 'a performance review'는 '인사 고과표'라는 뜻으로 사용되었다.

⑤▸ **Actually, Mr.Kim was the most likely to get promoted, but it was changed at the last minute.**

'Actually'라는 표현는 '사실은' 이라는 뜻으로, 화제 전환을 할 때 주로 사용하며, 여기서 'I'm sorry'라는 표현은 '미안하다'는 뜻이 아닌, '유감이다'라는 뜻으로 사용되었다.

Dialogue ❻ 퇴직과 관련된 표현

① 송일상 **I heard that Mr.Lee talked about his retirement pay.**
조금 전에 Mr 이가 퇴직금에 대해 이야기하는 것을 들었어요.

② 허동료 **Ah, I was told that He was offered a better job with a foreign company.**
아, 외국계 회사에서 더 좋은 제안을 받았다고 하네요.

③ 송일상 **I see. He always works hard so he deserves to be.**
그렇군요, 항상 열심히 일했으니, 그럴 자격이 있네요.

④ 허동료 **Hmm, I have to work hard not to get fired.**
흠, 저는 해고되지 않기 위해, 열심히 일해야겠네요.

⑤ 송일상 **So do I.**
저도 마찬가지입니다.

퇴직은 아쉽지만, 또 다른 새로운 기회를 얻는 것이겠죠.
남아있는 사람들은 또한 자신의 일에 최선을 다해야겠죠? 모두 화이팅합시다!

① **I heard that Mr.Lee talked about his retirement pay.**

> 'retirement pay'는 '퇴직금'이라는 표현이다. 여기서 'retirement'는 '퇴직, 은퇴'를 나타내는 표현으로 자주 쓰이니 반드시 기억하자!

② **I was told that He was offered a better job with a foreign company.**

> 'was told'라는 표현은 '듣다'라는 표현으로 자주 사용되며, 또한 'was offered a job'라는 표현은 '일자리를 제안받다'라는 뜻으로 'was scouted'라는 표현으로 바꿔 사용될 수 있다.

③ **He always works hard so he deserves to be.**

> 'deserve to be'는 '그럴 자격있다'라는 뜻으로, 여기서 'be' 동사는 앞문장 표현을 받아주는 뜻으로 '외국계 회사로부터 제안 받다'의 의미를 담고 있다.

④ **Hmm, I have to work hard not to get fired.**

> 'get fired'는 '해고되다'라는 뜻으로 'to' 앞에 'not'을 붙여 '해고되지 않기 위해'라는 뜻으로 사용되었다. 앞서 언급한 것처럼 'to' 앞에 'in order'를 붙여 강조할 수 있다.

⑤ **So do I.**

> 'So do I'라는 표현은 '나도 그래'라는 뜻으로, 앞문장을 받아줄 때 사용한다.

I'm taking a day off tomorrow
내일 월차 낼 계획입니다.

What's the matter?
무슨 일인가요?

I will be on a business trip next week for a week.
다음 주에 일주일 동안 출장을 갈 것입니다.

Can I take you to the airport?
공항까지 태워줄까요?

Do you have any vacation plan this summer?
이번 여름 휴가 계획 있어요?

What kinds of activities will you do on summer vacation?
휴가 중에 무슨 활동을 할 거예요?

finally	마침내
pick up	결국 태우다
mother-in-law	장모님
in order to	~하기 위해
appreciate	고마워하다
gift	선물
sightseeing	관광
leisurely	한가롭게
matter	문제
business trip	출장

It's a payday. I got a raise.

월급날이네요. 월급이 인상되었어요.

The personnel appointment was announced.

인사발령이 발표되었어요.

Who got pormoted to vice present?

누가 부사장으로 승진했어요?

Mr. Lee talked about his retirement pay.

Mr. 이가 퇴직금에 대해 이야기했어요.

He was offered a better job with a foreign company.

그가 외국계 회사에서 더 나은 일자리를 제안받았어요.

Words & Expressions_ 2

salary　　　월급

thanks to　　　~덕분에

in your place　　　당신의 입장에서

performance review　　　업무 성과표

negotiate　　　협상하다

annual　　　연간의

turn out　　　밝혀지다

expect　　　기대하다, 예상하다

deserve　　　~받을 자격이 있다

fired　　　해고된

03

직장에서 퇴근하는 상황

힘들게 일하고, 드디어 기다리던 퇴근 시간!
송일상과 함께 퇴근 시간 이후에 관련된 표현을 배워보자!

퇴근 시간 이후 일하는 경우

Dialogue ❶ 야근하기

① 송일상 **Unless there's anything else, I'm getting off work.**
별일 없으면 퇴근하겠습니다.

② 허동료 **Hmm, I have to work late.**
흠, 오늘 저는 야근합니다.

③ 송일상 **Why? What's happening?**
왜요? 무슨 일 있어요?

④ 허동료 **I have to complete the report until tomorrow morning.**
내일 아침까지 보고서를 작성해야 하거든요.

⑤ 송일상 **I'm sorry to hear that. Can I help you?**
유감이네요, 제가 도와드릴까요?

드디어 하루종일 기다리던 퇴근 시간!
근데, 갑자기 야근이라니…… 야근과 관련된 표현을 배워봅시다!

① Unless there's anything else, I'm getting off work.

'unless'는 '만약 ~하지 않는다면'의 뜻으로 사용되므로, 'If(만약 ~라면)'와 혼돈해서 사용하지 않도록 하자 또한 여기서 'get off'라는 표현은 '퇴근하다'라는 의미로 사용되었고, 비슷한 표현으로는 'leavce the office(퇴근하다)'를 사용해 표현할 수 있다. 'get off'라는 표현은 '(차 등에서) 내리다'라는 표현으로도 사용될 수 있다.

② Hmm, I have to work late.

'work late'라는 표현은 '늦게까지 일하다'라는 뜻으로 비슷한 표현으로는 'work overtime', 'work nights'으로 표현할 수 있다.

③ What's happening?

'what's happening?'은 '무슨일 있어?'라는 뜻으로, 비슷한 표현으로는 'what's the matter?'을 사용할 수 있다.

④ I have to complete the report until tomorrow morning.

'until'은 '~할 때까지'라는 표현으로, 어떠한 행동이 지속됨을 나타내는 표현이다.

⑤ I'm sorry to hear that. Can I help you?

여기서 'I'm sorry'는 '유감이다'라는 뜻으로 사용되었으며, 'that'이라는 표현은 앞문장(내일까지 리포트를 끝내야 한다)을 받아주는 표현으로 사용되었다.

Dialogue ❷ 거래처 직원 응대하기

① 송일상 **What are you going to do after work?**
오늘 퇴근하고 뭐해요?

② 허동료 **I'm going to take care of some buyers with Mr. Oh.**
오늘 저는 Mr 오와 함께 거래처 직원들을 접대하러 갑니다.

송일상 **It's going to be a good opportunity to know our company.**
우리 회사에 대해 조금 더 알릴 수 있는 기회가 되겠네요.

③ 허동료 **True, but I want to finish this meeting early.**
그건 그렇지만, 일찍 마쳤으면 좋겠네요.

④ 송일상 **Please don't drink too much and call a paid-designated driver!**
많이 술 드시지 마시고, 대리 운전 부르세요!

거래처 직원을 만나서 좋은 계약을 얻어내고 유지하는 것은
직장인들의 필수과정, 관련된 표현을 배워봅시다!

① **What are you going to do after work?**

> 'after work'는 '퇴근 후'라는 표현으로 사용한다.
>
> **ex** after school (방과 후)

② **I'm going to take care of some buyers with Mr. Oh.**

> 영어 표현에서 '접대하다'라는 뜻과 정확히 일치하는 표현은 찾기 어렵다. 여기
> 서 'take care of'는 '~을 돌보다, 신경쓰다'라는 뜻으로 사용되어, '접대하다'
> 라는 의미를 표현하였다. 좀 더 공식적인 접대는 'lobby'로 표현을 하면 된다.

③ **True, but I want to finish this meeting early.**

> 'finish'는 '끝마치다'라는 뜻으로 뒤에 명사 또는 동사에 '-ing'를 붙여 다양하
> 게 이용하면 된다.
>
> **ex** finish a game (게임을 끝마치다)
> finish studying english (영어 공부를 마치다)

④ **Please don't drink too much and call a paid-designated driver!**

> '술을 먹다'라는 표현은 아주 간단하게 'drink'를 사용하면 된다. 또한 우리가
> 자주 사용하는 '대리 운전 기사' 라는 표현은 'a paid-designated driver'를
> 사용하면 된다.

1

Unless there's anything else, I'm getting off work.

별일 없으면 퇴근하겠습니다.

2

I have to work late.

야근해야 합니다.

3

What are you going to do after work?

퇴근하고 뭐해요?

4

I'm going to take care of some buyers.

바이어들을 접대하러 갈 계획입니다.

5

Call a paid-designated driver!

대리 운전 기사 부르세요!

complete	완료하다
until	~할 때까지
take care of	돌보다 / 접대하다
opportunity	기회
company	회사
early	일찍
paid-designeated driver	대리 운전 기사
unless	만약 ~하지 않는다면
finish	마치다
call	부르다

Dialogue ❶ 회식 장소 정하는 과정

① 허동료 **Does everyone take part in a company dinner today?**
오늘 회식에 모두 참여하시죠?

② 송일상 **Wait a moment, I will call my wife and tell her I'm late.**
잠시만요, 부인에게 늦는다고 전화할게요.

허동료 **Where do we go?**
회식 장소는 어디로 갈까요?

③ 송일상 **I think the boss will decide on the place.**
사장님이 정하시는 곳으로 갈 것 같네요.

④ 허동료 **We always went to the same place. I want to go to new one this time.**
매번 같은 곳으로 갔으니, 이번엔 새로운 곳으로 갔으면 하네요.

열심히 일한 당신, 쉼표가 필요합니다!
기분 좋은 회식은 업무에 큰 도움이 되니, 회식과 관련된 표현을 배워봅시다!

① **Does everyone take part in a company dinner today?**

> 'take part in'이라는 표현은 '참여하다'라는 뜻으로, 비슷한 표현으로는 'participate in' 'engage in'을 사용하여 표현할 수 있다. 또한 'a company dinner'는 '회식'이라는 표현으로 'a company gathering'을 사용해 표현할 수 있다.

② **Wait a moment, I will call my wife and tell her I'm late.**

> 'wait a moment'는 '잠시만요'라는 뜻으로, 상대방에게 약간의 기다림을 요청할 때 쓸 수 있는 표현이다.

③ **I think the boss will decide on the place.**

> 'decide on'은 '~을 결정하다'라는 뜻으로, 뒤에 명사를 넣어 다양하게 표현할 수 있다. 또한 'decide' 뒤에 'to -v'를 붙여 응용 표현도 가능하다. 단 이때는 'on'을 사용하면 안 된다.

④ **We always went to the same place. I want to go to new one this time.**

> 앞문장에서 말한 명사(사람, 사물)에 대해 대신 받아줄 때는 'one'이라는 표현을 사용해서 나타낼 수 있다.

Dialogue ❷ 하루 일과에 대한 리뷰

① 허동료 **Everybody did a good job! Let's toast!**
오늘도 고생하셨습니다. 다같이 건배합시다!

② 송일상 **Cheers! Anyway we had a lot of work today.**
건배! 그나저나 오늘은 정말 일이 많았네요.

③ 허동료 **Right. Many clients complained about our service.**
맞아요, 많은 고객들이 우리의 서비스에 대해 불평했어요.

④ 송일상 **Even so, thanks to this gathering, I think I feel better.**
그래도 이런 자리가 있어, 조금은 위안이 되네요.

⑤ 허동료 **Let's forget all about work and have fun!**
오늘 다 잊고, 즐거운 시간 보내도록 합시다!

회식자리가 좋은건, 같이 공감할 수 있는 동료가 있다는 것!
동료와 함께 나누면, 기쁨은 두배, 슬픔은 반이란 사실, 잊지 마세요!

① Everybody did a good job! Let's toast!

'everybody did a good job! 수고하셨어요!'은 비슷한 지위에 있는 사람들에게 사용할 수 있는 표현이다. 'Let's toast!'는 '건배하자!'라는 표현으로, 비슷한 표현으로는 'cheers!', 'Bottoms up!'을 사용해 나타낼 수 있다.

② Cheers! Anyway we had a lot of work today.

'a lot of'라는 표현은 '많은'이라는 의미로 사용한다. 이때, 'lots of', 'plenty of'라는 표현도 비슷한 의미로 사용될 수 있으니, 다양하게 표현해보도록 하자.

③ Right, Many clients complained about our service.

'complain about'은 '~에 대해 불평하다'라는 뜻으로 사용하며, 고객과 회사원 사이에서 정말 많이 사용되는 표현이다. 뿐만 아니라, 일상 생활에서 불만을 표현할 때 이용하면 유용한 표현이다.

④ Even so, thanks to this gathering, I think I feel better.

'thanks to'라는 표현은 '덕분에'라는 뜻으로 사용되며, '모임'을 나타내는 표현은 편하게 'gathering'을 사용하면 된다. 'feel better'은 '기분이 나아지다'라는 표현 및 '몸 상태가 좋아지다'라는 뜻으로 사용된다.

⑤ Let's forget all about work and have fun!

'have fun'이라는 표현은 '(어떠한 행동을) 즐기다'라는 뜻으로, 무언가 행동을 하기 앞서 사기를 진작하는 표현으로 자주 사용된다.

회식 약속이 있는 경우

Dialogue ❸ 다른 동료에 대한 칭찬하기

① 허동료 **Mr. Kim helped me to prepare my presentation today.**

오늘 Mr 김이 프레젠테이션 발표 준비를 도와줬어요.

② 송일상 **I think he is so versatile.**

정말 Mr 김은 다재다능한 것 같아요.

③ 허동료 **He might have been frustrated that I didn't know about computer well. He kindly taught me to use it from A to Z.**

제가 컴퓨터를 잘 못 다뤄서 답답했을텐데, 처음부터 끝까지 친절하더라고요.

④ 송일상 **So, a lot of people seem to speak well of him.**

그래서 많은 사람들이 Mr. 김을 칭찬하는 것 같네요.

⑤ 허동료 **Mr. Kim, thank you for helping me. Let's toast!**

Mr 김, 오늘 고마웠어요, 건배하죠!

승진에 있어서 필수는 좋은 인간성,
동료들이 칭찬할 수 있도록, 오늘 하루 솔선수범해봅시다!

Expression Tip

① Mr. Kim helped me to prepare my presentation today.

'prepare'은 '준비하다'라는 뜻으로 사용하며, 'presentation'은 회사 및 학교에서 진행하는 '발표'를 의미하다. 자주 쓰는 표현들이므로, 반드시 기억할 수 있도록 하자.

② I think he is so versatile.

'versatile'이란 표현은 '다재다능한'이라는 뜻으로 사용되며, 비슷한 표현으로는 'all-around'을 사용해서 나타낼 수 있다.
ex He is all-around. (그는 다재다능해.)

③ He might have been frustrated that I didn't know about computer well.
He kindly taught me to use it from A to Z.

'might'는 '~일지도 모른다'는 '반신반의'하는 상황에서 사용할 수 있으며, 'frustrated'라는 표현은 '답답하다'는 상황을 표현할 때 자주 사용된다.
'from A to Z'는 '처음부터 끝까지'라는 표현으로 사용된다.

④ So, a lot of people seem to speak well of him.

'speal well of'는 '칭찬하다'라는 뜻으로, 'admire', 'praise', 'compliment'로 바꾸어 표현할 수 있다.

⑤ Mr. Kim, thank you for helping me. Let's toast!

'thank A for B'는 'A에게 B라는 이유로 고마워하다'라는 뜻이다. 이유와 함께 고마움을 나타낼 때, 자주 사용하는 표현으로 반드시 기억하도록 하자!

회식 약속이 있는 경우

Dialogue ❹ 다른 동료에게 불만 이야기하기

① 송일상 **Mr. Park seems to be so selfish, by any measure.**
아무리 생각해도 Mr 박은 너무 이기적인 것 같아요.

허동료 **Why? What's the matter?**
왜요? 무슨 일 있었어요?

② 송일상 **He only contacts me when he asks me for something.**
Mr 박은 자신이 필요할 때만, 연락하고, 부탁하네요.

③ 허동료 **Having said that, he seems to be good at his work.**
그렇긴 해도, 업무 능력은 뛰어난 것 같아요.

④ 송일상 **That's right, when I have time later, I'll talk about this with him.**
맞아요, 나중에 시간 날 때 Mr 박과 이야기해 볼게요.

어딜가나 꼭 얄미운 사람은 있죠?
참으면 스트레스만 쌓이게 됩니다. 마음 맞는 동료에게 털어놓아봐요!

Expression Tip

① **Mr. Park seems to be so** selfish, by any measure.

'selfish'는 '이기적인'이라는 뜻으로 사용되며, 비슷한 뜻의 표현으로는 'full of himself'을 사용해서 나타낼 수 있다. 'by any measure'는 '아무리 생각해도'라는 표현으로 사용되며, 납득이 잘 되지 않은 상황에 앞서 이야기할 수 있다.

② **He only contacts me when he** asks me for something.

'ask for someting'은 '무언가를 부탁하다'라는 뜻으로 사용된다. 'ask'와 'for' 사이에 인칭대명사를 넣어서 '누군가에게 무언가를 부탁하다'라고 응용해서 사용할 수 있다.

③ Having said that, **he seems to be good at his work.**

'having said that'은 '그렇긴 해도'라는 뜻으로 앞문장을 받아주면서, 다른 이야기를 할 때 사용하는 표현이다. 자주 사용되는 표현이니 기억해두자!

④ **That's right, when I have time later, I'll** talk **about this** with **him.**

'talk with'는 '~와 이야기를 나누다'라는 뜻이다. 이야기하는 주제에 대해 표현하고 싶으면 'talk about 주제 with 사람'을 사용하면 응용이 쉽게 가능하다.

Dialogue ❺ 사교적인 회사 생활을 위한 회식자리

① 허동료 **The vice president seems to feel good today.**

오늘 부사장님 기분이 좋아보이네요.

② 송일상 **Mr. Park is trying to brown nose him.**

Mr 박이 그에게 아부 떨고 있어요.

허동료 **I don't think so. He always makes people around him feel good with kind words.**

나는 그렇게 생각하지 않아요. 그는 언제나 주변 사람들을 친절한 말로 기분 좋게 만들어요.

③ 허동료 **Keep in mind that being social is good for your work life.**

사교적인 것도 회사 생활에 큰 도움이 될 수 있다는 것을 명심하세요.

④ 송일상 **I'm sorry I was in mistake. I'll try to treat people with kindness.**

죄송해요. 제 생각이 짧았네요. 사람들에게 친절하게 대할려고 노력할게요.

주변 사람들에게 친절한 말로 기분 좋게 만드는 사람들은 업무에서도 높은 평가를 받곤하죠! 사교적인 것도 능력, 주변 동료에게 친절한 표현을 해보세요~!

① **The vice president** seems to feel good **today.**

> 'seem to'는 '~처럼 보이다'라는 뜻으로 사용되며, 'to' 뒤에 동사를 붙여 다양하게 표현할 수 있다. 'feel good'은 '기분이 좋아보이다'라는 뜻으로 사용된다.

② **Mr. Park is** trying to brown nose **him.**

> 'try to brown nose'는 '아부하다'라는 의미로 사용하였으며, 생활 속에서 자주 쓰는 다른 영어 표현인 'flatter'를 통해 나타내기도 한다.

③ Keep in mind **that being social is good for your work life.**

> 'keep in mind that~'은 ' ~을 명심하다'라는 뜻으로 사용디는 표현이다.

④ **I'll try to** treat **people** with **kindness.**

> 'treat'는 '(사람에게) 대하다'라는 뜻으로 사용되며, 'with'와 함께 목적 대상인 사람에게 어떻게 대할 건지를 표현할 수 있다.

회식 약속이 있는 경우

Dialogue ❻ 대리 운전 부르기

① 송일상 **I drank too much for a long time.**
오래 간만에, 술을 많이 마셨네요.

허동료 **Never drive a car!**
절대 운전하면 안돼요!

② 송일상 **I've already called a paid-designated driver.**
이미 대리 운전 기사 불렀습니다.

③ 허동료 **I'll leave my car and take a taxi.**
저는 차 두고 택시타고 가려고요.

④ 송일상 **I'll drop by your place on the way home.**
가는 길에 Mr 허 집에 들렸다 갈게요.

소주 한잔을 마셔도, 맥주 한잔을 마셔도
반드시 대리 운전 부르셔야 되는 거 아시죠?

Expression Tip

① I drank too much for a long time.

'for a long time'은 '오랜만에'라는 뜻으로 사용하여, 한동안 자주 하지 않은 일들을 표현할 때 자주 사용하는 표현이다.

② I've already called a paid-designated driver.

'call a paid-designated driver'는 '대리 운전 기사를 부르다'라는 표현으로 사용된다. 저녁 약속이 많은 직장인들에게 필수적인 표현이니, 반드시 기억하도록 하자.

③ I'll leave my car and take a taxi.

'leave my car'는 '차를 두고 가다' 표현으로 사용하며, 'take a taxi'는 '택시 타다'라는 뜻으로 사용한다. 'take + 교통수단'을 사용하여, 다양하게 표현할 수 있다.

④ I'll drop by your place on the way home.

'drop by'는 '들르다'라는 뜻으로, 비슷한 표현으로는 'stop by'을 사용할 수 있으며, 'on the way home'이라는 표현은 '집에 오늘 길에' 라는 뜻으로 사용한다.

Does everyone take part in a company dinner today?

오늘 회식에 모두 참여하시죠?

I think the boss will decide on the place.

제 생각에는 사장님이 장소를 결정할 것 같습니다.

3

Everybody good job! Let's toast!

모두 수고하셨습니다! 건배합시다!

4

Many clients complained about our service.

많은 고객들이 우리의 서비스에 대해 불평했어요.

I think he is so versatile.

제 생각에는 그는 매우 다재다능한 한 것 같아요.

A lot of people seem to speak well of him.

많은 사람들이 그를 칭찬하는 것 같아요.

take part in	참여하다
wait a moment	잠시 기다리다
same	같은
anyway	그나저나
gathering	모임 자리
feel better	기분이 나아지다
have fun	즐기다
prepare	준비하다
frustrated	좌절한
speak well of	칭찬하다

Mr. Park seems to be so selfish, by any measure.
Mr. 박은 너무 이기적인 것 같아요, 아무리 생각해도

He only contacts me when he asks me for something.
Mr 박은 자신이 필요할 때만 연락하고, 부탁하네요.

3

Keep in mind that being social is good for your work life.
사교적인 것도 회사 생활에 큰 도움이 될 수 있다는 것을 명심하세요.

4

I've already called a paid-designated driver!
이미 대리 운전 기사를 불렀어요.

5

I'll leave my car and take a taxi
차 두고 택시타고 가려고요.

by any measure	아무리 생각해도
need	필요하다
contact	연락하다
ask for	부탁하다
treat	대우하다
social	사교적인
brown nose	아부하다
move	이동하다
drive	운전하다
leave	남겨놓다

일찍 귀가 하는 날

❶ 집에서 저녁 식사를 하는 경우

① 송일상 **Honey, I'm on the way home but I have not had dinner yet.**
여보, 퇴근하는 중인데, 아직 저녁 먹기 전이야.

② 정부인 **I have already prepared your meal. When will you arrive home?**
저녁 준비 이미 다 해놨어. 언제 쯤 도착해?

③ 송일상 **In 30 minutes. What kind of food did you prepare?**
삼십분 뒤면 도착할 것 같아. 오늘 무슨 음식이 준비됐어?

④ 정부인 **Pork bellies and soy bean paste stew.**
삼겹살과 된장찌게야.

⑤ 송일상 **That's my favorites. I'm coming home as soon as possible.**
내가 제일 좋아하는 거네. 얼른 갈게!

모처럼 회사가 일찍 끝나는 날,
가족과 저녁식사 어떠세요? 하루만큼은 가족과 함께 지내는 것이 어떨까요?

Expression Tip

① **Honey, I'm on the way home but I** have not had
dinner yet.

> 'not ~ yet'은 '아직까지 ~하지 않은'이라는 뜻으로 사용된다.

② **I** have already prepared **your meal.**

> 'have already prepared'는 '준비가 완료되었다'라는 뜻으로 사용되었고,
> 'have + 과거분사(-ed)'를 통해 다양한 완료된 상황을 나타낼 수 있다.

③ **In 30 minutes.** What kind of food did you prepare?

> 여기서 'in'은 '~후에'라는 뜻으로 사용되었고, 'after'와 같은 의미로 사용될
> 수 있다.

④ **Pork bellies and soy bean paste stew.**

> 'pork bellies'는 '삼겹살', 'soy bean paste stew'는 '된장찌개'를 나타낸다.
> 사실 영미권에서는 돼지 부위 중 삼겹살을 거의 먹지 않아서, 우리가 먹는 삼
> 겹살이라는 표현과 딱 맞는 단어가 없고, 된장찌개도 마찬가지라서 대명사처
> 럼 발음 그대로 표현해도 상관없다.

⑤ **That's my** favorites. **I'm coming home** as soon
as possible.

> 'favorite'라는 표현은 '가장 좋아하는 것' 이라는 표현이다.
> 또한 'as soon as possible'은 '가능한 빨리'라는 표현으로 'ASAP'라고 줄여
> 서 나타내기도 한다.

Dialogue ❷ 외식을 하는 경우

송일상 **Honey, I'm on the way home but I have not had dinner yet.**

여보, 퇴근하는 중인데, 아직 저녁 먹기 전이야.

① 정부인 **I'm so bothered to prepare dinner. How about eating out?**

오늘 저녁하기 귀찮은데, 외식하는 거 어때?

② 송일상 **That's a good idea. I'll call you by the time I arrive home.**

괜찮은 생각이야. 집에 도착할 때쯤 전화할게.

③ 정부인 **I see, I'll decide what to eat.**

알겠어, 그때까지 뭐 먹을지 생각해 놓을게.

④ 송일상 **Take it easy. It will be a little long to arrive due to rush hour.**

천천히 해도 돼. 퇴근 시간이라 조금 시간 걸릴거야.

모처럼 회사가 일찍 끝나는 날, 가족들과 멋진 장소에서 외식한번 어떠세요? 외식과 관련된 표현을 배워봅시다!

Expression Tip

① **I'm so bothered to prepare dinner. How about eating out?**

여기서 'bothered'는 '귀찮은'이란 의미로 사용되었다. 비슷한 표현으로는 'feel lazy'를 사용할 수 있다. 'how about'은 상대방에게 제안할 때 사용한다.

② **I'll call you by the time I arrive home.**

'by the time'은 '〜할 때쯤'이라는 의미로 사용한다.

③ **I see, I'll decide what to eat.**

'의문사' 뒤에 'to-v'를 사용하여 다양한 표현을 만들 수 있다. 뜻은 의문사의 뜻을 살려서 표현하면 쉽다.

> **ex** when to eat (언제 먹을지), how to eat (어떻게 먹을지), where to eat (어디서 먹을지)

④ **Take it easy. It will be a little long to arrive due to rush hour.**

'take it easy'라는 표현은 '진정해, 천천히 해'라는 뜻으로 사용한다. 또한 'rush hour'는 '출퇴근 붐비는 시간대'를 나타내는 말이다.

Dialogue ❸ 마트에 가는 경우

송일상 **Honey, I'm coming home!**
여보, 이제 퇴근이야!

① 정부인 **We ran out of foods. What about goinng to a grocery store?**
지난 주에 장을 본 음식들이 다 떨어졌네. 마트에 가는게 어때?

② 송일상 **Already? I think we've been spending a lot of money on foods this month.**
벌써 다 떨어졌다고? 우리 이번 달에 식비를 너무 많이 쓰는거 같아.

③ 정부인 **Even so, we can't live without something to eat.**
그렇다고 해도, 먹지 않고 살 수는 없잖아.

④ 송일상 **Okay. Let's meet in front of our apartment.**
알겠어, 집 앞에서 만나.

Expression Tip

①→ **We** ran out of **foods. What about** goinng to a **grocery store?**

> 'run out of'는 '다 떨어진'이라는 표현으로 사용한다. 또한 'what about'는 'how about'과 같은 뜻으로 상대방에게 제안하는 의미를 가진다. 'grocery store'는 '식료품 가게' 라는 뜻으로 사용하며, 우리 나라에서는 오히려 'mart' 라는 표현을 자주 사용해서 표현할 수 있다.

②→ **I think we've been** spending **a lot of money** on **foods.**

> 'spend'는 뒤에 시간이나 비용을 쓰고 'on' 뒤에는 명사를 사용하여 '~에 시간이나 비용을 쓰다'라는 뜻으로 사용한다.

③→ **Even so, we can't live without something to eat.**

> 'even so'는 '그렇다 할지라도'라는 의미로 앞문장에 대한 반대 의견을 이야기 할 때 사용한다.

④→ **Okay, Let's meet** in front of **our apartment.**

> 'in front of'는 '~앞에'라는 표현으로, 'before'를 사용해서도 나타낼 수 있다.

일찍 귀가 하는 날

Dialogue ❹ 집안일을 하는 경우

① 송일상 **Honey, I've finished work early, so why don't we clean our home?**
여보, 오늘 일이 일찍 끝났는데, 집 청소할까?

② 정부인 **That's a good idea. When will you arrive home?**
좋은 생각이야. 언제쯤 도착하는데?

송일상 **May be in a hour.**
한 시간 정도 걸릴거 같아.

③ 정부인 **Okay. I 'll wait for you while washing dishes.**
알겠어, 설거지하면서 기다릴게.

④ 송일상 **If you put a recycling bin in front of the front door, I'll throw it away.**
집 앞에 재활용 쓰레기통 두면, 내가 버리고 들어갈게.

집안일을 하는 것, 가족 구성원 모두가 해야할 일이죠?
회사가 일찍 끝나는 날, 조금 피곤하지만 미뤄왔던 청소를 해봅시다.

① **Honey, I've finished work early, so** why don't we clean our home?

'why don't we'는 '~할래?'라는 뜻으로, 상대방과 같이 무언가를 하자고 청유할 때 사용하는 표현이다.

② **That's a good idea. When will you arrive home?**

'That's a good idea'는 상대방 이야기에 동의할 때 사용하는 표현이다.

③ **Okay, I 'll wait for you** while washing dishes.

'while + 동사(-ing)'를 사용하여, '~하는 동안에'라는 동시 진행되는 표현을 나타낼 수 있다.

④ **If you put a** recycling bin **in front of the front door, I'll** throw it away.

'recycling bin'은 '재활용 쓰레기통'을 나타내며, '분리수거하다'라는 표현은 'separate'를 사용해서 표현하면 된다. 'throw away'는 '버리다'라는 의미로 사용한다. 단, 대명사를 사용할 땐, 'throw it away'와 같이 동사 + 대명사 + 부사의 어순을 사용해서 표현해야 된다.

일찍 귀가 하는 날

Dialogue ❺ 가족과의 대화

① 송일상 **Honey, I'm on the way home, so why don't we have a family meeting?**
여보, 지금 퇴근하는데, 우리 오랜만에 가족 회의 할까?

② 정부인 **Suddenly? What are you going to talk about?**
갑자기? 어떤 주제를 이야기할 건데?

송일상 **Let's talk about our daughter's education.**
우리 딸 교육 문제에 대해 이야기 하는 게 어때?

③ 정부인 **Okay, I asked people around me what Englsih Preschools are like.**
좋아, 내가 주변 사람들에게 영어 유치원에 대해 물어봤어.

④ 송일상 **I think our daughter can learn more through travel than in English Preschools.**
유치원보다는 나는 여행을 통해 많은 경험을 배울 수 있다고 생각해.

모처럼 회사가 일찍 끝나는 날, 가장 가까운 가족이,
때로는 멀게 느껴질 수 있습니다. 오늘 한번 가족 회의를 해보시는 것이 어떨까요?

Expression Tip

① **Honey, I'm on the way home, so why don't we have a family meeting?**

> '가족 회의를 하다'라는 표현은 'have a family meeting'이라고 표현한다.

② **Suddenly? What are you going to talk about?**

> 'talk about'은 무언가에 대한 주제에 대해 말할 때 사용하는 표현이다. 실생활에서 자주 사용하는 표현으로 'what is the topic?'과 같이 조금 더 직접적으로 표현할 수 있다.

③ **Okay, I asked people around me what Englsih Preschools are like.**

> 'what ~ like'이라는 표현은 '~가 어떤지'라는 표현으로 무언가에 대한 특징 및 성질을 물어볼 때 사용한다. 또한 '영어 유치원' 이라는 표현은 'English Preschools' 혹은 'English Kindergarten'으로 표현할 수 있다.

④ **I think our daughter can learn more through travel than in English Preschools.**

> 'more ~ than'을 사용해서, '~보다 ~한'이라는 뜻으로 비교급을 나타낼 때 사용할 수 있다.

Dialogue ❻ 취미 생활 즐기기

① 송일상 **Honey, I'm going home but I'm going to play screen golf with Mr. Heo.**
여보, 지금 퇴근하는데, Mr 허하고 스크린 골프 한판 할게.

② 정부인 **Don't be too late. Did you make a reservation?**
너무 늦게 오지마. 예약은 했어?

③ 송일상 **Of course, loser is going to buy lunch tomorrow.**
당연하지. 진 사람이 내일 점심 사기로 했어.

④ 정부인 **Is Mr. Heo good at playing golf?**
Mr. 허는 골프 잘쳐?

송일상 **Not bad, I think we're evenly matched in golf.**
나랑 실력이 비슷비슷해.

⑤ 송일상 **He seems to shoot 90 on average.**
평균 90타 정도 치는 것 같아.

열심히 일한 당신,
자신을 위한 투자도 더 나은 미래를 위한 투자입니다!

Expression Tip

① **I'm going to play screen golf with Mr. Heo.**

'스크린 골프를 하다'라는 표현은 'play screen golf'라고 표현한다.

② **Did you make a reservation?**

'make a reservation'은 '예약하다'라는 뜻으로, 같은 표현으로는 'book'이라는 표현을 사용할 수 있다. 이 부분은 〈Chapter 4〉에서 더욱 자세히 알아보도록 하자.

③ **Of course, loser is going to buy lunch tomorrow.**

위 문장과 같이 '~에 대해 내기하다'라는 표현은 'make a bet on'이라고 표현할 수 있다.

④ **Is Mr. Heo good at playing golf?**

'be good at'이라는 표현은 '~을 잘하다'라는 뜻으로 사용되며, 무언가를 잘하지 못하다라는 뜻은 'be poor at'을 사용해서 표현하면 된다.

⑤ **He seems to shoot 90 on average.**

골프 기록은 90타, 80타와 같이 표현한다. 이 표현을 나타낼 때 'shoot + 숫자'를 사용해 표현하면 된다. 'on average'는 무언가의 평균을 나타낼 때 흔히 사용되는 표현이다.

1

I'm on the way home.
퇴근하는 중입니다.

2

What kind of food did you prepare?
오늘 반찬이 뭐야?

3

How about eating out?
외식 하는 거 어때?

4

It will be a little long to arrive due to rush hour.
퇴근 시간 때문에 도착하는데 조금 오래 걸릴거야.

5

What about going to a grocery store?
식자재 마트에 가는 게 어때?

have	먹다
yet	아직까지
prepare	준비하다
run out of	소진되다
favorite	가장 좋아하는 것
as soon as (ASAP)	가능한 빨리
bothered	귀찮은
by the time	~할 때쯤
take it easy	서두르지마
rush hour	교통 혼잡 시간

Why don't we clean our home?

우리 집 청소할까?

I'll wait for you while washing dishes.

설거지 하면서 당신을 기다릴게.

What are you gonig to talk about?

어떤 주제를 이야기 할 건데?

Let's talk about our daughter's education.

우리 딸의 교육에 대해 이야기하자.

Is he good at playing golf?

그는 골프 잘해?

We're evenly matched in golf.

우리는 골프 실력이 비슷비슷해.

recycling bin	재활용 쓰레기통
in front of	~앞에
throw away	버리다
family meeting	가족 회의
suddenly	갑자기
English Preschool	영어 유치원
travel	여행(하다)
make a reservation	예약하다
shoot	쏘다, 치다
on average	평균적으로

주말에 벌어지는 일

열심히 일한 당신!
일한 만큼 충분히 쉬어야 하죠?
쉬는 날(주말)과 관련된 표현을 배워보자!

Dialogue

① 정부인 **Honey, are you okay? You look so tired.**
여보, 당신 괜찮아? 당신 많이 피곤해 보여.

② 송일상 **I'm really sorry but let me sleep a little more.**
진짜 미안한데, 조금만 더 잘게.

③ 정부인 **Alright. you should recharge your batteries sometimes!**
좋아. 휴일에는 재충전을 좀 해줘야 해.

④ 송일상 **I have worked overtime for this week and had a lot of staff meetings.**
이번주에 계속 야근했고, 많은 회식도 있었어.

⑤ 정부인 **Yeah, I feel you on that!**
응, 나도 당신 마음 알겠어!

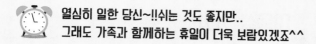
열심히 일한 당신~!!쉬는 것도 좋지만..
그래도 가족과 함께하는 휴일이 더욱 보람있겠죠^^

① let me sleep a little more.

'let me' 뒤에 동사를 넣어서 다양하게 '~할게'라는 표현을 사용할 수 있다.
ex let me help you (너를 도와줄게)

② **You should recharge your batteries sometimes!**

'recharge your batteries'이라는 표현은 '재충전하다'라는 뜻이다.

③ **I have worked overtime for this week and had a lot of staff meetings.**

'overtime'는 '야근하다'라는 뜻으로 자주 사용되며, 'staff meeting'은 '회식'을 의미하며, 자주 사용하는 표현이니 반드시 기억하자!

④ I feel you on that!

'I feel you on that'는 '당신 마음을 알다. 공감하다'라는 뜻으로 자주 사용되는 표현이다.

Dialogue ❶ 예약하기

①▸ 송일상 **It's my day off, today. How about going to a hair salon?**

오늘 쉬는 날이니까, 머리하러 미용실에 갈까?

②▸ 정부인 **I think we should make a reservation quickly on the weekend.**

주말이라 빨리 예약할 것 같은데?

▸ 미용실 직원 **This is ABC hair salon. What can I help you?**

ABC 미용실입니다. 무엇을 도와드릴까요?

③▸ 송일상 **Could I make a reservation for a hair cut for man and perm for woman at 2?**

혹시 2시 경에 남자 커트 한 명, 여자 파마 한 명 예약되나요?

④▸ 미용실 직원 **Of course, we can. See you soon!**

가능합니다. 이따 뵐게요!

오늘은 모처럼 쉬는 날!!
기분 전환 겸 미용실을 가볼까요? 먼저 미용실 예약하는 표현을 배워봐요!

① **How about going to a hair salon?**

'a hair salon'은 '미용실'을 나타내며, 미용실은 남자와 여자가 모두 이용가능하나, 'barber shop'은 남성 위주의 이발소를 나타낸다. 표현 상 주의하도록 하자!

② **I think we should make a reservation quickly on the weekend.**

'make a reservation'은 '예약하다'라는 뜻으로, 'book', 'reserve'라는 동사를 통해서도 나타낼 수 있다. 또한 'the weekend'는 '주말'이란 뜻으로 사용되었다.

③ **Could I make a reservation for a hair cut for man and perm for woman at 2?**

'a hair cut'은 '이발, 미용'을 의미하며, 'get a trim(머리를 다듬다)'라는 뜻으로 사용하기도 한다. 우리가 흔히 쓰는 '파마하다'는 'get a perm'이란 표현을 사용하면 된다.

④ **Of course, we can. See you soon!**

'see you soon'은 '이따 보자'라는 뜻으로 사용되며, 주로 예약을 마친 후 자주 듣게 되는 표현이므로 기억해두자!

미용실 가기

Dialogue ❷ 원하는 스타일 요구하기

① 김선생님 **How shoud I style it?**
어떤 스타일로 해 드릴까요?

② 송일상 **Can you cut my hair like this picture?**
이 사진처럼 해주실 수 있나요?

③ 김선생님 **Okay, Let's wash your hair first!**
그럼요, 샴푸먼저 하고 시작할게요!

④ 송일상 **Thank you, please give me a nice haircut like celebrities.**
고마워요. 연예인처럼 멋지게 해주세요!

Expression Tip

① How shoud I style it?

'how should I style it?'은 '어떻게 잘라드릴까요?'라는 표현으로, 'what style would you want?'로 바꿔쓸 수 있다.

② Can you cut my hair like this picture?

영어가 어려운 상황에서, 정확한 헤어스타일을 요구하기란 쉽지 않을 것이다. 따라서 자르고 싶은 사진을 보여주고 잘라 달라고 할 때, 사용할 수 있는 표현이다.

③ Let's wash your hair first!

'wash hair'라는 표현은 '머리를 감다'라는 표현으로 사용된다. 비슷한 표현으로는 'shampoo hair'을 사용할 수 있다.

④ **please give me a nice haircut** like celebrities.

보통 머리를 자르러 가서 보여주는 사진은 연예인일 것이다. 이 때 'like celebrities (연예인처럼)'라는 표현을 사용하여, 손쉽게 의사소통할 수 있다.

Dialogue ❸ 염색하기

김선생님 **Ms. Jung, what style would you want?**
Ms 정, 어떤 머리 스타일 하실건가요?

① 정부인 **I want to dye my hair light.**
밝은 색으로 염색을 하려고요.

② 김선생님 **If so, I think light brown looks great to you.**
그렇다면, 밝은 갈색이 어울릴 것 같아요.

③ 김선생님 **And to make your hair shine, I'll use a hair treatment product.**
머리결을 위해, 트리트먼트 제품도 같이 쓸게요.

④ 정부인 **Thank you! You're so kind to me.**
감사합니다.

미용실에서 이젠 부끄러워하지 말고,
본인이 원하는 스타일을 자신있게 표현해봅시다!!

①▶ I want to dye my hair light.

'dye my hair'는 '염색하다'라는 표현으로, 비슷한 표현으로는 'I want to chang my hair color light.'을 사용할 수 있다.

②▶ If so, I think light brown looks great to you.

'look great'는 '멋져 보이다'라는 뜻으로, 'look' 뒤에 다양한 형용사를 붙여 응용이 가능하다.

ex look beautiful (아름답게 보이다)

③▶ to make your hair shine, I'll use a hair treatment product.

'to' 뒤에 동사를 붙여 '~하기 위해'라는 표현으로 사용 가능하다.

④▶ you're so kind to me.

여기서 'kind'는 '친절한'이라는 뜻으로 사용되었으며, 비슷한 표현은 'nice'를 통해 나타낼 수 있다.

Dialogue ❹ 계산하기

① 미용실 직원
One for a haircut, the other for a perm. It's 100,000 won together.
커트 한 분, 파마 한 분해서 십만 원입니다.

② 송일상
Could you give me a discount?
혹시 할인 되나요?

③ 미용실 직원
If you sign up for this membership, you can receive 10% off.
여기 멤버쉽에 가입하시면, 10% 할인 가능합니다.

송일상
I'll do right now.
지금 당장 가입할게요.

④ 정부인
Don't forget to receive a parking ticket!
주차권 받는 거 잊지 마세요!

Expression Tip

①— **One for a haircut, the other for a perm. It's 100,000 won together.**

> '두 사람 중 한 사람'이라는 표현은 'one'으로, 나머지 한 사람은 'the other' 라는 표현을 사용해서 나타낸다. 또한 숫자 표현을 읽을 때는 세자리씩 끊어 읽으면 된다.

②— Could you give me a discount?

> 'could you give me a discount?'는 '할인해주시나요?'라는 의미로 사용되 며, 'take off(할인하다)'라는 표현을 사용해서도 나타낼 수 있다.

③— **If you sign up for this membership, you can receive 10% off.**

> 'sign up for'는 '~에 등록하다'라는 뜻으로 사용되며, 회원 가입, 학원 등록과 같은 상황에 자주 사용하는 표현이다.

④— **Don't forget to receive a parking ticket!**

> 'a parkig ticket'은 '주차권'을 나타낸다. 요즘 음식점, 카페, 서점, 마트와 같 은 곳에서는 거의 매번 사용하는 표현이므로, 반드시 기억할 수 있도록 하자.

It's my day off.

쉬는 날이야.

Can I make a reservation for a haircut for man and perm for woman?

남자 커트 한 명, 여자 파마 한 명 예약할 수 있나요?

How I should style it?

어떤 스타일로 해드릴까요?

Can you cut my hair like this?

이 사진처럼(이렇게) 할 수 있나요?

I want to dye my hair light.

밝은 색으로 염색하고 싶어요.

If you sign up for this membership, you can receive 10% off.

여기 멤버쉽에 가입하시면, 10% 할인이 가능합니다.

day off	쉬는 날
hair salon	미용실
weekend	주말
celebritiy	유명인사
shine	빛나다
use	사용하다
kind	친절한
sign up	등록하다
receive	받다
parking ticket	주차권

가족과 외식하기

Dialogue ❶ 식당 예약하기

① 정부인 **Shall we go to an italian restauran in a while?**
오래간만에 이탈리안 레스토랑에 가서 점심할까?

② 송일상 **That's a good idea. Is there a good one?**
좋은 생각이야. 좋은 곳 있어?

③ 정부인 **My sister recommended a good one to me. I'll make a reservation now.**
언니가 괜찮은 식당 추천해줬어! 지금 예약할게.

④ 정부인 **Hi, could I book for a table for two by the window?**
안녕하세요, 창가 쪽으로 두 자리 예약할 수 있나요?

⑤ 식당
직원 **We can book you for a table for two but we can't by the window.**
2명 예약은 가능한데요, 아쉽지만 창가 자리는 안 됩니다.

정부인 **Okay, I'll reserve a table at 2.**
알겠습니다. 2시로 예약해주세요.

쉬는 날 가장 많이 하는 일들 중 하나는 외식을 하는 거겠죠?
마음에 드는 식당을 골랐다면, 이제 예약하는 법을 배워봅시다~!

Expression Tip

① **Shall we go to an italian restaurant in a while?**

'shall we'는 '할래요?'라는 뜻으로 'shall we' 다음에 다양한 동사를 붙여 응용 표현을 만들 수 있다. 또한 'in a while'은 '오래 간만에'라는 뜻으로 자주하지 않는 일을 표현할 때 사용한다.

② **That's a good idea. Is there a good one?**

'a good one'이라는 표현은 '좋은 곳(좋은 이탈리아 레스토랑)'을 나타내는 의미이다. 앞서 말한 명사를 표현할 때, 자주 쓰는 표현이니 기억해두자!

③ **My sister recommended a good one to me. I'll make a reservation now.**

'recommend'는 '추천하다'라는 뜻이다. 실생활에서 무언가를 추천을 하거나, 받는 일이 자주 발생하므로, 반드시 기억해두자.

④ **Hi, could I book for a table for two by the window?**

'by the window'는 '창가'를 의미한다.
ex in fron of (~앞에), behind (뒤에)

⑤ **We can book you for a table for two but we can't by the window.**

앞문장과 똑같은 부분은 편하게 생략해서 사용할 수 있다. 물론 모든 부분을 말해도 되지만, 실생활에서 했던 이야기의 반복은 듣는 사람에게 어색하게 들릴 수 있으니, 생략 표현에 익숙해지도록 하자.

가족과 외식하기

Dialogue ❷ 음식 주문하기

① 식당
직원

Are you ready to order?
주문하시겠습니까?

② 정부인

We'll have two seafood pastas and a whole pizza.
해물 파스타 2인분과 피자 한 판 주세요.

③ 식당
직원

Can I get you something to drink?
음료는 어떻게 할까요?

④ 정부인

Two glasses of beer please! how long does it take to prepare our meal?
맥주 2잔 주세요! 음식 나오는 데 얼마나 걸리나요?

⑤ 식당
직원

About 20 minitues. I'll take your food as soon as possible.
20분 정도 예상합니다. 최대한 빨리 가져다 드릴게요.

식당에 자주 가는 만큼, 자주 음식을 주문해야겠죠?
원하는 음식을 주문하는 것도 능력! 이제 주문하는 법에 대해 배워봅시다!

① **Are you ready to order?**

'주문 하실래요?'라는 뜻으로, 'Are you being served?'라고 표현해도 된다.

② **We'll have two seafood pastas and a whole pizza.**

'피자 한 판'은 'a whole pizza'라고 표현하면 된다. 피자 한 조각은 'a piece of pizza'라고 표현하면 된다.

③ **Can I get you something to drink?**

'get'이라는 표현은 '가져가다' 라는 뜻으로 사용되며, 'bring'으로 바꿔쓸 수 있다. 실생활에서 자주 쓰는 표현이니 꼭 기억해두록 하자!

④ **Two glasses of beer please! how long does it take to prepare our meal?**

'맥주 한잔'이라는 표현은 'a glass of beer'로 표현하고, '맥주 한병'은 'a bottle of beer'라고 표현한다. 또한 'how long does it take'는 '얼마나 오래 걸리나요?'라는 표현으로 사용할 수 있다.

⑤ **About 20 minitues. I'll take your food as soon as possible.**

여기서 'about'은 '대략'이라는 뜻으로 사용되었다.
또한 'as soon as possible'은 '가능한 만큼 빨리'라는 뜻으로, 'ASAP'로 줄여서 표현하기도 한다.

가족과 외식하기

Dialogue ❸ 특별히 음식에 원하는 요구 사항이 있는 경우

① 식당 직원
Is there anything else I can get you?
더 필요하신 것 있나요?

② 정부인
I am allergic to shrimp, so could you hold on the shrimp?
제가 새우에 알러지가 있어서, 새우를 빼주실 수 있나요?

③ 식당 직원
Absolutely, how about a seafood pasta and a pizza for vegetarians?
물론이죠, 그럼 채식주의자용 파스타와 피자는 어떠세요?

④ 정부인
Nope, just hold on the shrimp please.
아니요, 그냥 새우만 빼주세요.

⑤ 식당 직원
I see, have a good time!
알겠습니다. 좋은 시간 되세요!

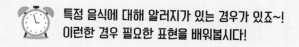

특정 음식에 대해 알러지가 있는 경우가 있죠~!
이런한 경우 필요한 표현을 배워봅시다!

Expression Tip

① Is there anything else I can get you?

'더 필요한 건 없나요?'라는 뜻으로. 주문을 마치거나 추가 주문을 할 때 자주 사용하는 표현이다.

② I am allergic to shrimp, so could you hold on the shrimp?

'allergic to'라는 표현은 '~에 알러지가 있는'이라는 의미로, 'to' 뒤에 다양한 명사를 넣어 응용할 수 있다. 또한 'hold on'은 음식을 주문할 때 '~는 빼다'라는 뜻으로 사용한다.

③ how about a seafood pasta and a pizza for vegetarians?

'vegetarian'은 '채식주의자'라는 표현이다. 요즘 들어 육류를 섭취하지 않은 채식주의자들이 늘어나고 있는 추세이므로, 자주 마주할 수 있는 단어이다. 확실히 기억하도록 하자!

④ Nope, just hold on the shrimp please.

여기서 'just'는 '단지, 그냥'이라는 뜻으로 사용되었다.

⑤ I see, have a good time!

'좋은 시간 보내다'라는 뜻으로, 비슷한 표현으로는 'have fun'을 사용할 수 있다.

가족과 외식하기

Dialogue ❹ 계산하기

① 식당
직원

Have you finished your meal?
Would you like to pay the bill?

식사 마치셨습니까? 계산 도와드릴까요?

② 정부인

Of couse, should I pay the bill right here?

네, 여기서 계산해도 될까요?

③ 식당
직원

Sure, two seafood pastas, a whole pizza and two glasses of beer, your total is 120,000won.
How do you pay this bill?

그럼요, 파스타와 피자, 맥주 2잔 12만 원입니다.
어떻게 계산하실 건가요?

④ 정부인

I'll do by my credit card.
Could you validate my parking ticket?

카드로 계산할게요. 주차 확인 도장 찍어주실 수 있나요?

⑤ 식당
직원

Sure, here's your receipt.

그럼요, 영수증 여기 있습니다.

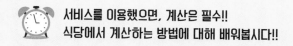
Expression Tip

① Have you finished your meal?

'식사를 마치셨습니까?'라는 표현으로, 'Are you through your meal?'를 사용해서 나타낼 수도 있다.

② **Of couse, Should I** pay the bill **right here?**

'pay the bill'은 '계산하다'라는 뜻으로 사용한다. 비슷한 표현으로는 'pay the chek', 'pay the tab'을 사용해서 나타낼 수 있다.

③ **your total is 120,000won.** How do you pay this bill?

계산 방법에 대해 묻는 표현이다. 보통 현금 거래나 카드 거래를 하기 때문에 이 둘의 표현에 대해서 잘 알아두도록 하자.

④ **I'll do** by my credit card.

'by credit card'는 '신용카드로 계산하다'라는 뜻이다. 또한 '현금으로 계산하다' 는 'pay in cash'라고 표현하면 된다.

⑤ **Could you** validate my parking ticket?

'validate a parking ticket'은 ' 주차 확인을 받다'라는 뜻으로 사용된다. 보통 상점에서 주차를 하는 경우는 주차권을 받거나 (get a parking ticket) 주차 확인을 받는 상황으로 나뉠 수 있다. 실생활에서 자주 사용하는 표현이므로 반드시 기억해두자!

1

My sister recommended a good one.
언니가 좋은 식당을 추천해줬어.

2

Could I book for a table for two by the window?
창가쪽 두 명 예약할 수 있나요?

3

Are you ready to order?
주문 하시겠습니까?

4

Can I get you something to drink?
음료 가져다 드릴까요?

in a while	오랜만에
recommend	추천하다
book	책
reserve	예약하다
order	주문하다
get	가져다 주다
about	대략, ~에 관해
shrimp	새우
by the window	창문 옆 (창가)
ready	준비된

Is there anything else I can get you?

더 필요하신 것 있나요?

I'm allergic to shrimp.

새우에 알러지가 있어요.

Could you hold on the shrimp?

새우를 빼주실 수 있나요?

I'll do by my credit card. Could you validate my parking ticket?

카드로 계산할게요. 주차 확인 가능한가요?

Here's your receipt.

여기 영수증이 있습니다.

allergic	알러지가 있는
hold on	빼다
absolutely	물론이죠
vegetarians	채식주의자들
have a good time	좋은 시간 되세요
right here	바로 여기서
credit card	신용카드
validate	확인하다
receipt	영수증
seafood	해산물

가족과 여행하기

Dialogue ❶ 목적지 및 숙소 정하기

①▸ 정부인 **Where do you think we go for our family vacation?**
이번 가족 여행 어디로 갈까?

송일상 **How about going to see the East Sea?**
동해 바다 어때?

②▸ 정부인 **Okay. What about staying at a hotel?**
그러지 뭐, 숙박은 호텔에서 하자.

③▸ 송일상 **Alright, If you say so, let's depart early in the morning because of heavy traffic.**
그래 그렇게 하자. 주말이라 차가 막힐 것 같으니, 일찍 출발하자.

④▸ 정부인 **I see. I will pack up in advance.**
알겠어. 미리 짐 싸 놓을게.

휴일에 가족과 함께 여행은 지친 일상의 활력소가 될 수 있죠!
기대와 설레임이 함께하는 여행가기 전, 목적지와 숙소를 정해봅시다!

Expression Tip

①— **Where do you think we go for our family vacation?**

'family vacation'은 '가족 휴가'를 나타낸다.

②— **Okay, What about staying at a hotel?**

여기서 'stay'는 '숙박하다'라는 의미를 담고 있다.

③— **let's depart early in the morning because of heavy traffic on weekend.**

'depart'는 '출발하다'라는 뜻이다. 또한 'heavy traffic'은 '교통 체증'을 나타내는 말이다.

④— **I will pack up in advance.**

'짐을 싸다'라는 표현은 'pack up'을 사용해서 나타낸다. 'in advance'는 '사전에, 이전에'라는 뜻으로 자주 사용되는 표현이다.

Dialogue ❷ 호텔 체크인하기

호텔
직원
Hello, This is ABC hotel.
안녕하세요. ABC 호텔입니다.

① 정부인 **I'd like to check in.**
체크인하려고 합니다.

② 호텔
직원
I see, did you make a reservation?
네, 예약 하셨나요?

③ 정부인 **Yes, I've booked a room as "Song Il Sang"**
'송일상'이라는 이름으로 예약했습니다.

④ 호텔
직원
Okay, I've confirmed your reservation. Your room number is 810.
아, 확인되었습니다. 810호입니다.

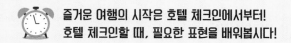

즐거운 여행의 시작은 호텔 체크인에서부터!
호텔 체크인할 때, 필요한 표현을 배워봅시다!

Expression Tip

① **I'd like to check in.**

'would like to'는 '~하고 싶다'라는 뜻으로, 뒤에 동사를 붙여 다양하게 응용 가능하다. 또한 'check in'은 호텔 이용시 해야하는 첫번째 절차이므로, 반드시 기억하도록 하자!

② **I see, did you make a reservation?**

호텔에서 예약을 확인할 때, 주로 예약 번호와 이름, 해외 여행의 경우 여권을 확인하는 경우가 많으므로, 이와 관련된 표현을 함께 기억해두록 하자!

③ **Yes, I've booked a room as "Song Il Sang"**

'예약하다'라는 표현은 정말 많이 사용되는 표현이다. 'book', 'make a reservation', 'reserve' 모두 다 기억해 두도록 하자.

④ **Okay, I've confirmed your reservation.**

'confirm'은 '확인하다'라는 뜻으로 사용된다.
'Have + p.p.' 표현을 통해 '완료'된 상황을 나타낼 수 있다.
ex I've booked (예약을 한 상황) / I've confirmed (확인을 한 상황)

가족과 여행하기

Dialogue ❸ 추천 여행지 묻기

① 호텔 직원
Is there anything else I can help?
더 필요하신 건 없나요?

② 송일상
Could you recommend good attractions near your hotel?
호텔 근처에 가볼만한 여행지 추천해주실 수 있나요?

③ 호텔 직원
If you look here, there is a brochure for them.
이 쪽에 보시면, 추천 여행지에 대한 브로셔가 있습니다.

④ 송일상
Ah, thank you for helping me. Is these places within walking dsitance from here?
아, 도와주셔서 감사합니다.

⑤ 호텔 직원
I'm sorry but you are not able to walk there.
좋은 하루 되세요!

여행지의 숨겨진 멋진 장소가 궁금하다면,
호텔 직원에게 여행지를 추천해달라고 하면 어떨까요?

①▸ **Is there anything else I can help?**

앞서 배운 표현인 'Is there anything else I can get you?(더 가져다 드릴것
이 있나요?)'에서 동사만 바꿔 응용한 표현이다.

②▸ **Could you recommend good attractions near your hotel?**

'attraction'은 '관광지' 또는 '명소'라는 뜻으로, 사람들이 많이 모이는 곳을 나
타낸다.

③▸ **If you look here, there is a brochure for them.**

여행지 주변의 호텔들은 추천 여행지에 대한 브로셔를 구비해두고 있다. 여행
계획을 세울 때 이용하면 좋은 정보를 얻을 수 있다.

④▸ **Is these places within walking distance from here?**

'within walking distance'은 '걸어갈 수 있는 거리'를 의미한다. 만약 걸어갈
수 없는 거리라면, 택시를 불러달라고 요청할 수 있으니 반드시 호텔 이용 시
물어볼 수 있도록 하자.

Dialogue ❹ 호텔에서 택시 부르기

① 송일상 **Hi, I'd like to go to "Sok Cho" Beach so could you call a taxi for us?**

안녕하세요, 속초 해수욕장에 가려고 하는데, 택시 좀 불러주시겠습니까?

② 호텔 직원 **Sure, I'll do right now.**

네 알겠습니다. 바로 전화해 보도록 하겠습니다.

③ 송일상 **How long does it take from here to "Sok Cho" beach?**

여기서 속초 해수욕장까지 얼마나 걸릴까요?

④ 호텔 직원 **About 20 minutes. I think the taxi fare will be approximately 15000won.**

한 20분 정도 걸릴 것 같습니다. 요금은 대략 15,000원 정도 나올 것 같습니다.

송일상 **You're so kind to me. Have a good day!**

상당히 친절하시네요. 좋은 하루 되세요!

호텔에서 가장 많이 사용하는 서비스 중 하나는, 택시호출하기죠?
택시 호출하는 상황에서 필요한 표현들을 배워봅시다!

Expression Tip

① **Could you call a taxi for us?**

호텔에서 택시를 부를 땐, 직원에게 다가가서 위와 같이 말하면, 택시 뿐만 아니라 목적지 안내도 같이 도와주니, 이 표현을 반드시 기억할 수 있도록 하자!

② **Sure, I'll do right now.**

'right now'는 '지금 당장'이라는 의미를 나타낸다. 무언가를 바로 처리하겠다는 의미를 강조할 때 사용한다.

③ **How long does it take from here to "Sok Cho" beach?**

'how long does it take'는 '얼마나 오래 걸리나요?'라는 의미로 자주 사용되는 표현이다. 'from 명사 to 명사'는 '명사에서 명사'까지 라는 표현으로, 명사에 단어만 바꿔서 다양하게 응용할 수 있다.

④ **I think the taxi fare will be approximately 15000 won.**

'taxi fare'는 '택시 요금'을 나타내는 말로, 휴가지에서 뿐만 아니라 일상 생활에서도 자주 사용하는 표현이다. 반드시 기억해두자!

Dialogue ⑤ 호텔 조식 이용하기

① 송일상 **Did you sleep well? What time shoud we go for breakfast?**
잘잤어? 언제 조식 먹으러 가야해?

② 정부인 **Until 9'o clock. We have not much time left, so act fast!**
9시까지야. 30분 밖에 안 남았어, 서둘러야해!

③ 송일상 **Hmm, can I skip breakfast?**
흠, 나는 조식 거르면 안될까?

④ 정부인 **We've already paid for it. I'll take these tickets and go down to Lobby.**
이미 비용 지불했어. 티켓 가지고 먼저 내려갈게, 로비로 와.

송일상 **I see, I'll wash my face and then follow you.**
알겠어, 세수만 하고 따라 갈게.

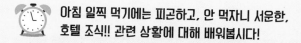

아침 일찍 먹기에는 피곤하고, 안 먹자니 서운한,
호텔 조식!! 관련 상황에 대해 배워봅시다!

① **What time shoud we go for breakfast?**

'what time'은 '몇시에' 라는 뜻으로, 'when'과 바꿔 사용할 수 있다.

② **by 9'o clock. We have not much time left, so act fast!**

여기서 'by'는 '늦어도 ~까지'라는 의미이다. 따라서 늦어도 9시까지는 가야한
다는 뜻으로 사용되었다.

③ **Hmm, Can I skip breakfast?**

'skip'은 '거르다'라는 뜻으로 사용된다.

④ **We've already paid for it.**

'We've already paid for' 뒤에 다양한 명사를 넣어 '~을 이미 지불 완료하
다'라는 뜻으로 사용할 수 있다.

Where do you think we go for our family vacation?

이번 가족 여행 어디로 갈까?

Let's depart early in the morning.

아침 일찍 출발하자.

I'd like to check in.

체크인하고 싶습니다.

I've contirmed your reservation.

예약 확인되었습니다.

Could you recommend good attractions near your hotel?

호텔 근처에 좋은 여행지 추천해 주실 수 있나요?

family vacation	가족 여행
stay	머무르다, 숙박하다
deart	떠나다
heavy traffic	교통 체증
pack up	짐 싸다
in advance	사전에
attraction	관광지
brochure	브러셔
walking distance	걸을 수 있는 거리
be able to - v	~할 수 있다

Could you call a taxi for us?

택시 불러 주실 수 있나요?

How long does it take from here to "Sok Cho" beach?

여기서 속초 해수욕장까지 얼마나 걸리나요?

What time should we go for brekfast?

언제 조식 먹으러 가야돼?

We have not much time left.

시간이 얼마 남지 않았어.

take	(시간이) 걸리다
taxi fare	택시비
approximately	대략
skip	거르다
pay for	지불하다
go down	내려가다
follow	따라가다
kind	친절한
act	행동하다
wash	씻다

Dialogue ❶ 원하는 옷 찾기 및 입어보기

① 정부인 **Honey, I don't see any clothes I like.**
여보, 마음에 드는 옷이 없네.

송일상 **What kinds of clothes do you want to buy? How about this dress?**
어떤 스타일의 옷을 살건데? 이 드레스는 어때?

② 정부인 **Nice! Could I try it on?**
좋은 것 같아. 이 옷 입어봐도 되나요?

③ 직원 **Sure, dressroom is over this way.**
그럼요. 탈의실은 이 쪽에 있습니다.

④ 정부인 **Do you have one in a larger size or different colors?**
좀 더 큰 사이즈나 다른 색상도 있나요?

직원 **We have three sizes, 44, 55 and 66 and two different colors, blue and yellow.**
사이즈는 44, 55, 66 세가지 있고, 파란색과 노란색 두 가지 색상이 있습니다.

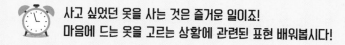

사고 싶었던 옷을 사는 것은 즐거운 일이죠!
마음에 드는 옷을 고르는 상황에 관련된 표현 배워봅시다!

Expression Tip

①▶ **Honey, I don't see any clothes I like.**

'내가 좋아하는 옷'이라는 표현은 'clothes I ilke'이라고 표현한다. 명사 뒤에
주어 동사를 붙여서 꾸며주는 표현을 만들 수 있다.

②▶ **Could I try it on?**

'try it on'은 '입어 보다'라는 뜻으로 사용된다. 옷가게에서 미리 착용을 해볼
수 없는 옷들도 있을 수 있으므로, 당황스러운 상황을 만들지 않기 위해 꼭 기
억해두자. 또한 동사+대명사+부사의 어순도 기억하자.

③▶ **Sure, dressroom is over this way.**

'dressroom'은 '탈의실'을 표현하는 말이다.

④▶ **Do you have one in a larger size or different colors?**

옷을 고르는 과정에서 실제로 자주 사용하는 말은 옷 사이즈와 색상에 대한
질문일 것이다. 만약 더 작은 옷을 물어보는 경우라면, 'one in a small size'
라고 표현하면 된다.

가족과 쇼핑하기

Dialogue ❷ 가격 흥정하기

① 정부인 **How much is this dress?**
이 드레스 가격은 얼마인가요?

② 직원 **It's 200,000 won including V.A.T.**
부가세 포함 20만 원입니다.

③ 송일상 **It's too expensive. That's a rip-off.**
너무 비싸, 완전 바가지야.

④ 정부인 **Could you take off a little bit more?**
조금 할인 가능한가요?

⑤ 직원 **If you pay in cash, I wil give you 10% off.**
현금으로 결제해 주신다면, 10% 깎아 드리겠습니다.

가격 정찰제가 있는 곳이 아니라면, 쇼핑할 때, 가격 흥정은 쇼핑을 더욱 즐겁게 해주는 요소죠! 관련된 표현을 배워봅시다~!

Expression Tip

① **How much is this dress?**

'how much'는 가격을 물어볼 때 자주 사용하는 말이다. 뒤에 명사만 바꿔 다양하게 사용할 수 있다.

② **It's 200,000 won including V.A.T.**

'V.A.T'는 'Value Added Tax'의 약자로, 부가가치세를 나타내는 말이다. 한국에서는 거의 모든 상점이 부가세를 포함하고 있지만, 외국은 물건값에 10%를 붙여서 계산해야 한다는 점을 기억해두자.

③ **It's too expensive, That's a rip-off.**

'expensive'는 '비싼'이란 의미로 사용되었으며, 반대말로는 'cheap(값싼)'이란 표현을 사용할 수 있다. 또한 여행지 상점에서 자주 쓰는 표현 중 하나인 '바가지인데'는 'that's a rip-off'라는 표현을 사용해 나타낼 수 있다.

④ **Could you take off a little bit more?**

'thake off'는 '할인하다'란 뜻으로, 'give me a discount' 또는 그냥 동사로 'discount'를 사용해 나타낼 수 있다. '약간 더', '조금 더'라는 표현은 'a little' 또는 'a littel bit more'을 사용해 표현하면 된다.

⑤ **If you pay in cash, I wil give you 10% off.**

'현금으로 지불하다'는 'pay in cash', '카드로 지불하다'는 'pay by credit card'로 나타낼 수 있다. 대게 지불 수단은 이 두가지 상황이면 해결되니, 반드시 암기하도록 하자! 시장이나 여행지에 가면 가격을 흥정할 수 있다. 이때 '가격 흥정하다'라는 표현은 'haggle'을 사용해 표현할 수 있다.
ex I like to haggle over prices.

가족과 쇼핑하기

Dialogue ❸ 교환 및 환불 안내 받기

① 정부인 **Can I exchange this dress or get a refund, If necessary?**

만약 필요하다면, 이 옷 교환이나 환불도 되나요?

② 직원 **If you want to, please don't remove the tags and keep your receipt.**

만약 원하신다면, 상표를 제거하지 마시고, 영수증을 지참해주셔야 합니다.

③ 송일상 **Can I get a refund for season-off products?**

시즌 오프하는 제품들도 환불되나요?

직원 **I'm sorry but those products can only be exchanged.**

죄송합니다만, 그 상품들은 사이즈 교환만 가능합니다.

④ 직원 **Also, you can exchange your purchase within 14 days.**

또한, 교환과 환불은 구매하신 지 14일 이내에 가능합니다.

마음에 들지 않는 옷을 선물 받았거나, 사이즈가 맞지 않는 옷을 선물 받은 경우, 교환 및 환불을 해야겠죠? 관련된 표현을 배워봅시다!

① **Can I exchange this dress or get a refund? If necessary.**

'exchage'라는 표현은 '교환하다'라는 뜻이며, 'get a refund'는 '환불하다'라는 표현으로 사용된다. 두가지 표현 모두 옷가게에서 계산을 하기 전에 항상 듣는 말이므로, 반드시 기억하도록 하자!

② **please don't remove the tags and keep your receipt.**

대부분의 상점에서 교환 및 환불이 이루어질 때는 거의 이 표현을 사용하니, 반드시 기억해 두자.

③ **Can I get a refund for season-off products?**

'season-off product'는 '계절이 지난 상품'을 가리키는 말로, 주로 할인을 하는 품목 중에 하나이다. 기억해두고 실생활에서 이용해 보자.

④ **Also, you can exchange your purchase within 14 days.**

보통 교환 및 환불을 안내할 때는 '~일 이내'라는 표현을 자주 사용한다. 정해진 기간이 지나면 교환 및 환불이 불가해지므로 꼭 기억해 두자.

가족과 쇼핑하기

Dialogue ❹ 계산하기 (할부)

① 정부인 **A dress, three shirts and two pairs of trougers, It's 400,000 won together.**
드레스와 셔츠 3벌, 바지 2벌 모두 40만 원입니다.

② 정부인 **How would you like to pay for them?**
결제는 어떻게 해드릴까요?

③ 송일상 **Can I pay in installments?**
할부로 구매할 수 있을까요?

④ 직원 **Sure, If you use ABC credit card, We have an interest-free installment plan for up to three months.**
물론이죠, ABC 카드로 결제하시면 3개월 무이자 할부 제공합니다.

송일상 **I'll do that.**
그렇게 할게요.

Expression Tip

① **A dress, three shirts and** two pairs of trougers, **It's 400,000 won together.**

'바지 두 벌'을 표현할 때는 'two pairs of trougers'라고 나타내는 것이 정석
적이지만, 상점에서 물건을 구매할 때는 'two trougers'라는 표현으로 간소하게
표현하기도 한다.

② How would you like to pay for them?

지불수단에 대해 묻는 것은 어느 상점에서나 항상 들을 수 있는 표현이다. 기
억해두자!

③ **Can I** pay in installments?

카드 결제시, 가장 많이 쓰는 표현 중 하나가 '할부로 구매하다'라는 표현이다.
이 표현은 'pay in installments'라고 말하면 된다.

④ **We have** an interest-free installment plan for up to **three months.**

할부 구매시, 가장 신경쓰는 부분은 '무이자 할부' 여부일 것이다. '무이자 할부'
는 'an interest-free installment (plan)'으로 표현하며, 기간을 나타낼 때는
'for' 뒤에 개월 수를 붙여주면 손쉽게 표현 가능하다.

1

What kinds of clothes do you want to buy?
어떤 종류의 옷을 사길 원해?

2

Could I try it on?
입어봐도 되나요?

3

Do you have one in other sizes or colors?
다른 사이즈와 옷 색상도 있나요?

4

How much is ihis dress?
이 드레스 가격이 얼마인가요?

5

It's too expensive. That's a rip-off.
너무 비쌉니다. 완전 바가지에요.

clothes	옷
dressroom	탈의실
V.A.T	부가가치세
expensive	비싼
take off	깎다
a little bit	약간
pay in cash	현금 지불하다
necessary	필수적인
season off	계절이 지난
product	제품

Can I exchange it or get a rerund?

교환이나 환불 가능한가요?

Please, don't remove the tags and keep your reciept.

상표를 제거하지 마시고, 영수증을 보관해 주세요.

You can exchange your purchase within 14 days.

14일 이내에 교환 가능합니다.

Can I pay in installments?

할부로 구매할 수 있을까요?

We have an interest-free installment plan for up to three months.

3개월 무이자 할부 제공합니다.

exchange	교환하다
get a refund	환불하다
remove	제거하다
within	~이내에
trougers	바지
pay in installment	할부로 지불하다
interest-free	무이자
use	사용하다
credit card	신용카드
up to	~까지

PART
02

상황별 자주 사용하는 표현

일상 생활 속 표현들

다양한 일상속에서
필요한 표현들을 배워보자!

Unit 01

은행 업무와 관련된 표현들

Dialogue ❶ 입금하기

(1) 송일상 **Honey, have you deposited my allowance?**

여보, 내 용돈 입금했어?

(2) 정부인 **Sorry, I've forgot your bank account number.**

미안, 이번에 새로 만든 계좌번호를 잊어버렸어.

(3) 송일상 **Today is a payment date of my credit card. What am I supposed to do?**

오늘이 신용카드 결제일이야. 어쩌지?

(4) 정부인 **I'm going to make a deposit within 2 hours.**

내가 2시간 이내로 입금할게.

송일상 **Thank you.**

고마워.

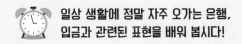

일상 생활에 정말 자주 오가는 은행,
입금과 관련된 표현을 배워 봅시다!

① **Have you deposited my allowance?**

우리가 자주 사용하는 '입금하다'라는 뜻은 'deposit'을 사용하여 나타내며,
비슷한 표현으로는 'pay in'이라는 표현을 사용해서 나타낼 수 있다.

② **Sorry, I've forgot your bank account number.**

'bank account number'는 '계좌 번호'를 나타내며, 'account'는 '계정'이라
는 표현으로도 사용될 수 있다.

ex social media account (sns 계정)

③ **Today is a payment date of my credit card.**

우리가 한달마다 카드 대금을 지불하는 날인 결제일이란 표현은 'payment
date of one's credit card'를 사용하여 표현하면 된다.

④ **I'm going to make a deposit within 2 hours.**

'deposit'을 '입금하다'라는 동사로 직접 사용할 수도 있고, 'make a deposit'
을 사용해서 '입금하다'라는 뜻을 나타낼 수 있다.

Dialogue ❷ 출금하기

은행직원 **May I help you?**

무엇을 도와드릴까요?

①▶ 송일상 **I want to withdraw 1,000,000 won from my bank account.**

오늘 제 계좌에서 100만 원을 출금하고 싶습니다.

②▶ 은행직원 **If you use an ATM over there, you can save bank charges.**

ATM 를 사용하면, 수수료를 절약할 수 있습니다.

③▶ 송일상 **I've lost my credit card. There's no other option.**

카드를 잃어버렸네요. 다른 방법이 없네요.

④▶ 은행직원 **Okay, I see. Let me help you to do right now.**

네 알겠습니다. 바로 도와드리겠습니다.

Expression Tip

① I want to withdraw 1,000,000 won from my bank account.

> 'withdraw'은 '출금하다'라는 뜻으로 사용된다. 비슷한 표현으로는 'draw'을 사용해서 '출금하다'를 표현할 수 있다.

② If you use an ATM over there, you can save bank charges.

> ATM 기계를 사용하거나, 온라인 뱅킹을 이용하다보면, 자주 '수수료'라는 표현을 볼 수 있다. 여기서 '수수료'는 'bank charges'라는 표현을 사용해서 나타낼 수 있다.

③ I've lost my credit card. There's no other option.

> '어떠한 방법(대안)도 없다' 혹은 '어쩔 수 없다' 라는 뜻은 'there's no other option'이라는 표현을 사용하여 나타내면 된다.

④ Okay, I see. Let me help you to do right now.

> 'right now'는 '지금'을 강조하는 표현이다.

Dialogue ❸ 대출받기

① 송일상 **I need more money to pay off my credit card this month.**
이번 달에 카드값을 내려면, 돈이 더 필요하네요.

② 허동료 **Really? you seem to spend a lot of money these days.**
정말요? 요새 돈을 많이 쓴 것 같네요.

③ 송일상 **I need to get a loan in order to pay off my credity card.**
카드값 때문에 대출 받아야겠어요.

④ 허동료 **I don't think It's a good idea. Would I lend you the money?**
좋은 생각 같지 않아요. 내가 빌려줄까요?

송일상 **No worries, I'll talk to my wife.**
괜찮아요, 부인에게 이야기 해볼게요.

🕐 갑자기 돈이 필요한 상황들이 자주 발생하죠,
그럴 땐 당황하지 말고, 대출 관련 표현을 배워 봅시다!

Expression Tip

① **I need more money to pay off my credit card this month.**

> 돈을 '갚다'라는 표현을 쓰고 싶을 때는, 'pay off'라는 표현을 사용하면 된다.

② **Really? you seem to spend a lot of money these days.**

> 돈이나 시간을 '사용하다'라는 뜻을 표현할 때는 'spend'를 사용하면 된다.

③ **I need to get a loan in order to pay off my credity card.**

> 'get a loan'을 '대출을 받다'라는 뜻으로 사용한다. 비슷한 표현으로 'borrow'를 사용해서 '빌리다'라는 뜻을 표현해도 된다.

④ **I don't think It's a good idea. Would I lend you the money?**

> 'lend'는 '빌려주다'라는 뜻으로 사용하며, 'borrow'는 '빌리다'라는 뜻과 헷갈릴 수 있으니 유의해서 사용할 수 있도록 하자.

Dialogue ❹ 펀드 추천받기

① 송일상 **I've beeen interested in investment techniques these days, so could you tell me how to invest?**

요새 재테크에 관심이 생겼는데, 어떻게 투자하는 게 좋을까요?

② 허동료 **If you go to a bank, they will recommend good funds for you to invest.**

은행에 가면, 괜찮은 펀드를 추천해 줄 거예요.

③ 송일상 **Would you recommend some funds to invest?**

투자할 만한 펀드들 추천해 주실 수 있나요?

은행 직원 **If you look at this brochure, you can know about various funds to invest.**

이 브로셔를 보시면, 고객님이 투자할 만한 다양한 펀드가 있습니다.

④ 송일상 **Thank you, I'll take a look.**

고맙습니다. 한번 살펴 볼게요.

이제는 재테크는 필수죠!
재테크 중에서도 펀드 투자에 관련된 표현을 배워봅시다!

Expression Tip

① **I've beeen interested in investment techniques these days,**

'be interested in'는 '~에 관심 있다'라는 표현으로 뒤에 명사를 넣어서 다양하게 응용할 수 있다.

② **If you go to a bank, they will recommend good funds for you to invest.**

'recommend'는 '추천하다'라는 뜻으로 상당히 자주 쓰이는 표현이다!

③ **Would you recommend some funds to invest?**

'would you'라는 표현과 다양한 동사 표현을 사용하여, 정중한 부탁을(~해주실래요?) 응용해서 표현할 수 있다.

④ **Thank you, I'll take a look.**

'take a look'은 '둘러보다'라는 뜻으로 사용하는 표현으로, 가볍게 검토하는 정도를 나타낸다.

1

I'm going to make a deposit within 2 hours.
내가 2시간 이내로 입금할게.

2

I want to withdraw 1,000,000 won from my bank account.
오늘 제 계좌에서 100만 원을 출금하고 싶습니다.

3

I need to get a loan in order to pay off my credit card.
카드값 때문에 대출 받아야겠어요.

4

I've been interested in investment techniques these days, so could you tell me how to invest?
요즘 투자 기술에 관심이 있는데, 투자하는 법을 알려줄 수 있어요?

5

Would you recommend some funds to invest?
투자할 만한 펀드들 추천해 주실 수 있나요?

Deposit	입금하다
Bank account number	계좌번호
Withdraw	출금하다
Bank charges	수수료
pay off	빚을 갚다
Loan	대출
Lend	빌려주다
Borrow	빌리다
Invest	투자하다
Recommend	추천하다

Dialogue ❶ 병원 접수하기

병원
직원
How can I help you?
어떻게 도와드릴까요?

① 정부인 **I think I got a cold. I'd like to see a doctor.**
감기에 걸린 것 같아요. 진료를 받고 싶네요.

② 정부인 **How long does it take to see a doctor?**
진료 받는 데 얼마나 걸릴까요?

③ 병원
직원
I think it will take a little bit more than usual because it's friday.
금요일이라 조금 기다리셔야 할 것 같습니다.

④ 병원
직원
When it's your turn, I'll call your name.
차례되면, 이름을 불러드릴게요.

병원에 갈 일은 많지만, 막상 병원에 가보면, 어떤 것부터 해야하는지 막막하죠?
병원 접수와 관련된 표현에 대해서 배워봅시다!

① I think I got a cold.

'감기 걸렸어요'라는 표현은 'I got a cold'라는 표현을 쓰면 된다. 일반적인 감기보다 심한 독감을 표현할 때는 'bad cold'를 사용하면 된다.

② How long does it take to see a doctor?

'how long does it take to~'으로 질문을 하면, 얼마나 오래 걸리는 지를 상대방에게 물어볼 수 있다. 'to' 뒤에 다양한 동사를 넣어 응용할 수 있다.

③ I think it will take a little bit more than usual.

'it will take a little bit more than usual'은 '평소보다 좀 더 걸리다'라는 뜻으로, 반대 표현인 '평소보다 덜 걸리다'라고 표현하고 싶을 때는 'more' 대신에 'less'를 사용하면 된다.

④ When it's your turn, I'll call your name.

여기서 'turn'은 '차례'라는 뜻으로 사용되었다. 번호표를 받거나 순서를 기다리는 상황에서 자주 사용하는 표현이다.

Dialogue ❷ 병원 진료받기

① 의사 **What brings you here today?**
어떻게 오셨나요?

② 정부인 **I've got a sore throat, runny nose, and high fever.**
목도 부어있고, 콧물도 흐르고, 열도 나네요.

③ 의사 **I think you seem to have a bad cold.**
독감에 걸린 것 같네요.

④ 의사 **Please keep off fatty foods and take a rest.**
기름진 음식 드시지 마시고, 푹 쉬셔야 합니다.

정부인 **No, thanks.**
없습니다. 감사합니다.

아픈 곳을 정확하게 표현할 줄 알아야 정확한 진료가 되겠죠?
진료 관련 표현에 대해 배워봅시다!

Expression Tip

① **What brings you here today?**

'어떻게 오셨나요'라는 표현은 'what brings you here today?'를 통해 나타
낼 수 있다. 다른 표현으로는 'how did you get here?'를 사용할 수 있다.

② **I've got a sore throat, runny nose, and high fever.**

우리가 자주 걸리는 감기 증상은 '목이 붓고(a sore throat), 콧물이 흐르고
(runny nose), 그리고 고열(high fever)이 일반적일 것이다. 잘 기억해두고, 감
기에 걸렸을 때 사용해보자!

③ **I think you seem to have a bad cold.**

'seem to -v'는 '~처럼 보이다'라는 뜻이며, 주로 확실하지 않은 판단을 할 때
사용하는 표현이다.

④ **Please keep off fatty foods and take a rest.**

'keep off'는 '멀리 하다'라는 뜻으로 자주 사용되며, 의사 선생님에게서 가장
많이 듣는 표현 중 하나인 '푹 쉬다'라는 표현은 'take a rest'라는 표현을 사
용해서 나타낼 수 있다.

Dialogue ❸ 병원비 계산 및 다음 방문 예약 하기

① 병원
직원
The total cost for today's treatment is 15,000won.
오늘 총 진료 비용은 15,000원입니다.

② 병원
직원
Please, take this prescription to the pharmacy.
약국에 이 처방전을 가져가세요.

③ 정부인
Thanks a lot. Can I make an appointment for the next visit?
네, 감사합니다. 다음번 진료 예약을 할 수 있나요?

④ 병원
직원
Wait a minute, you can see a doctor on next Thursday between 2 and 4.
잠깐만요, 다음주 목요일 2시에서 4시 사이 가능하십니다.

정부인
I'd like to make an appointment for two o'clock.
2시로 예약할게요.

진료가 끝나면, 병원비 계산과 다음 방문을 예약해야되겠죠?
관련 표현에 대해 배워 봅시다!

① **The total cost for today's treatment is 15,000won.**

전체 비용을 나타내는 표현은 'the total cost'라는 표현을 사용해서 나타내면 된다. 주로 계산하는 상황에서 자주 표현하는 단어이므로, 반드시 기억해두록 하자!

② **Please, take this prescription to the pharmacy.**

처방전이 있어야 약국에서 약을 처방받을 수 있기 때문에 '처방전을 가져가다' 라는 뜻인 'take this presciprion'라는 표현을 기억해두자!

③ **Thanks a lot. Can I make an appointment for the next visit?**

특히 병원은 예약없이 방문할 수 없는 장소이므로. 'make an appointment' 를 사용하여 '예약하다'라는 표현을 해보자

④ **Wait a minute, you can see a doctor on next Thursday between 2 and 4.**

시간대를 나타낼 때는 'between'이라는 표현을 사용하면 쉽게 나타낼 수 있 다.

Dialogue ❹ 약국에서 약 타기

약사 **Do you have the prescription with you?**
처방전 가지고 오셨나요?

① 정부인 **Here it is.**
여기 있습니다.

② 약사 **According to this prescription, I've prepared your medicine for 3 days. Please, take this medicine within 30 minutes after eating.**
처방전에 따라 3일치 약을 드렸고요, 식후 30분에 복용하셔야 됩니다.

③ 정부인 **Does this medicine make me feel drowsy?**
이 약을 먹으면 졸린가요?

④ 약사 **Don't worry. It won't.**
걱정마세요, 졸리지 않을 겁니다.

진료를 위해서는 병원, 약을 위해서는 약국에 가야겠죠?
약국에서 약을 타는 관련 표현을 배워봅시다!

Expression Tip

① **Here it is.**

무언가를 가져달라고 할 때, 많이 사용하는 표현인 '여기 있어'는 'here it is'라는 표현을 사용해서 나타내면 된다. 만약 복수 명사에 대한 것을 나타낼 때는, 'here they are'로 나타내면 된다.

② **take this medicine within 30 minutes after eating.**

'약을 먹다'라는 표현은 'take a medicine'이라고 나타내면 된다.

③ **Does this medicine make me feel drowsy?**

약을 먹으면 종종 졸리는 경우가 있다. 이 때, '졸리다'는 표현은 'feel drowsy'라고 나타내면 된다.

④ **Don't worry. It won't.**

대답을 할 때, 되풀이되는 말은 두번 연속 나타내지 않는다. 여기서 'it won't'라는 표현은 'it won't feel drowsy'라는 표현의 줄임말이 된다.

1

How long does it take to see a doctor?

진료 받는 데 얼마나 걸릴까요?

2

I've got a sore throat, runny nose, and high fever.

목도 부어있고, 콧물도 흐르고, 열도 나네요.

3

Please keep off fatty foods and take a rest.

기름진 음식 드시지 마시고, 푹 쉬셔야 합니다.

4

Please, take this prescription to the pharmacy.

약국에 이 처방전을 가져가세요.

5

Please, take this medicine within 30 minutes after eating.

식후 30분에 복용하셔야 됩니다.

turn	차례
keep off	멀리하다
rest	휴식
treatment	치료
prescription	처방전
pharrmacy	약국
visit	방문
prepare	준비하다
medicine	약
drowsy	졸린

Unit 03

일상 속 크고 작은 사건들

❶ 결혼식과 관련된 표현

① ▶ 송일상 **Congratulations on your wedding! How long has it been since you met her?**
결혼 축하해요, 신부와 만난 지 얼마나 됐어요?

허동료 **It's been a year or so. Thank you for the congraturations.**
1년 정도 됐어요. 축하해주셔서 감사해요.

② ▶ 송일상 **Who is going to sing at your wedding?**
축가는 누가 부르나요?

③ ▶ 허동료 **My best friend will do.**
제일 친한 친구가 부르기로 했어요.

④ ▶ 송일상 **Oh well, I'll give you a lot of congratulatory money.**
그렇군요, 축의금 많이 낼게요.

Expression Tip

① **Congratulations on your wedding!**

일상 생활을 하다 보면, 축하해야 할 일이 많다. 이때 'congratulations on'이
라는 표현을 사용해 나타낼 수 있다. 'on' 뒤에 다양한 명사를 넣어 축하 상황
을 응용할 수 있다.

② **Who is going to sing at your wedding?**

결혼식의 재미 중 하나는 축가이다. '축가를 부르다'라는 표현은 'sing at
wedding'이라는 표현을 사용해서 나타낸다.

③ **My best friend will do.**

앞 문장 대화와 반복 될 때는, 대동사를 사용해서 줄여서 표현해주면 편하다.
여기서 'will do'의 의미는 'will sing at my wedding'이라는 뜻을 담고 있다.

④ **Oh well, I'll give you a lot of congratulatory money.**

우리나라에서는 특히 축의금 문화가 발달해 있다. '축의금을 하다'라는 표현은
'give congratulatory money'라고 표현하면 된다.

Dialogue ❷ 장례식과 관련된 표현들

① 허동료 **I learned Mr. Park's grandfather passed away yesterday.**

어제 Mr 박의 할아버지가 돌아가셨다고 들었어요.

② 송일상 **I'm sorry to hear that. I'm attending the funeral after work. Want to come along?**

진심으로 안됐네요. 퇴근 후에 갈려고 장례식에 갈건데, 같이 갈래요?

③ 허동료 **Sure, Don't forget to give condolatory money at the funeral.**

그러죠, 조의금 챙기는 것 잊지 말아요.

④ 송일상 **I'm sorry for your loss and will pray for you and your family.**

삼가 고인의 명복을 빌어요, 당신과 가족을 위해서도 기도할게요.

Mr 박 **Thank you for your sympathy.**

위로해 주셔서 감사합니다.

주변 사람과 관련된 분의 장례식이 갑자기 생기면, 어떻게 영어로 표현해야 할지 어려울 겁니다. 장례식과 관련된 표현을 배워봅시다!

① **I learned Mr. Park's grandfather** passed away **yesterday.**

여기서 'pass away'는 우리말 표현으로 번역하면 '돌아가시다'라는 뜻의 정중한 표현이다. 이럴 때, 'die(죽다)'라는 표현은 피하는 것이 좋다.

② **I'm** attending the funeral **after work.**

'장례식에 참석하다'라는 표현은 'attend the funreal'을 사용하면 된다.

③ Want to come along?

'want to com along?'은 상대방에게 어딘가에 '같이 갈래요?'라는 표현으로 자주 사용되는 표현이다. 다양한 상황에서 응용이 가능하므로, 반드시 기억해 두자!

④ **I'm sorry for your loss and will pray for you and your family.**

장례식 장에서 자주 사용하는 우리말 표현인 '삼가 고인의 명복을 빕니다'라는 표현은 'I'm sorry for your loss'를 사용해서 나타내면 적절할 것이다.

Dialogue ❸ 이사를 고려하는 상황

1 허동료 **I'm planning to move to a place near our company.**
회사 근처로 이사하려고 계획 중이에요.

송일상 **Suddenly? Why? You haven't talked much about it.**
갑자기 왜요? 별말 없었잖아요.

2 허동료 **I've really felt tired to commute to work. Would you recommend a good place to live in?**
출퇴근이 너무 멀어서 힘드네요. 괜찮은 곳 추천 좀 해줘요.

3 송일상 **You should contact a real estate agency to see if there is a good one.**
부동산 중개인에게 살만한 곳이 있는지 문의해보세요.

4 송일상 **Don't forget to contact a moving company in advance.**
위로해 주셔서 감사합니다.

허동료 **I'll do it. Thank you!**
그렇게 할게요. 고마워요.

삶을 살다보면 의외로 여러가지 이유로 인해,
이사를 고려해야하는 상황이 많다. 이와 관련된 표현을 배워보자!

① **I'm planning to move to a place near our company.**

> 'I'm planning to move'라는 표현은 '이사를 계획 중이다'라는 뜻으로 사용할 수 있다. 이밖에 'I'm planning to' 뒤에 다양한 동사를 사용해서, 본인의 다양한 계획을 나타낼 수 있다.

② **I've really felt tired to commute to work.**

> 'commute to work'라는 표현은 '통근(출퇴근)하다' 라는 뜻이다. 여기에 앞에 'to'를 붙여 피곤한 이유를 나타내 주었다.

③ **You should contact a real estate agency to see if there is a good one.**

> 'contact a real estate agency'는 '부동산 중개인에게 연락하다'라는 뜻이다. 일상 생활에서 집을 구하거나, 사무실 등 다양한 부동산과 관련된 업무를 진행할 때 필요하므로 기억해두자!

④ **Don't forget to contact a moving company in advance.**

> 'contact a moving company'는 '이삿집 센터에 전화하다'라는 뜻이며, 'in advance' 라는 표현은 '사전에, 이전에' 라는 뜻으로 자주 사용된다.

일상 속 크고 작은 사건들

Dialogue ❹ 결혼 기념일과 관련된 표현

① 송일상 **Today is our 15th anniversary.
I appreciate you being with me.**

오늘이 우리 결혼 15주년 기념일이야. 함께 해줘서 고마워.

② 정부인 **You seem to remember our
anniversary more than I do.**

당신은 나보다 결혼 기념일을 더 잘 기억하는 것 같아.

송일상 **I put it in my phone. Anyway, I have
a present for you.**

휴대폰에 결혼 기념일을 적어놨거든. 어쨌든 당신을 위한 선물을
준비했어.

④ 정부인 **Thank you! I feel like we got married
a few days ago but the time flew by.**

고마워. 엊그제 결혼한 거 같은데 시간 진짜 빠르게 지나갔네.

송일상 **I think so. Let's be happier in the
future.**

그러네. 앞으로 더 행복하자고.

1년에 한번 있는 결혼 기념일!
결혼 기념일에는 그동안 고생한 남편과 부인에게 감사 표현을 해봅시다!

Expression Tip

① **Today is our 15th anniversary. I appreciate you being with me.**

> 여기서 'anniversaty'라는 표현은 '결혼기념일'에 의미를 담고 있다. 또한 'appreciate'는 'thank' 보다 더욱 정중한 고마움에 대한 표현이다.

② **You seem to remember our anniversary more than I do.**

> 반복되는 문장을 표현해야 하는 경우 '대동사'를 이용하여 표현할 수 있다. 여기서 'I do'의 의미는 'I remember our anniversary'의 의미를 담고 있다.

③ **Thank you!I feel like we got married a few days ago but the time flew by.**

> 'get married'는 '결혼하다'라는 뜻이다. 일상 생활 뿐만 아니라, 영화, 드라마에서 자주 사용되는 표현이므로 반드시 기억해두자!

④ **Thank you!I feel like we got married a few days ago but the time flew by.**

> 대화를 하다보면, '세월이 왜 이렇게 빨라요'라는 표현을 자주 사용하게 되는데, 이 때 'the time flew by'라고 표현을 하면 된다.

Congratulations on your wedding!
당신의 결혼을 축하합니다!

I'll give you a lot of congratulatory money.
축의금 많이 낼게요.

I'm sorry for your loss and will pray for you and your family.
삼가 고인의 명복을 빌어요. 당신과 가족을 위해서도 기도할게요.

I'm planning to move to a place near our company.
회사 근처로 이사가기로 계획 중이에요.

I feel like we got married a few days ago but the time flew by.
엊그제 결혼한 거 같은데 시간 진짜 빠르게 지나갔네.

congratulatory money	축의금
pass away	돌아가시다
funeral	장례식
condolatory money	조의금
pray	기도하다
move	이사하다
commute	통근하다
real estate agency	부동산 중개인
moving company	이삿짐 센터
wedding anniversary	결혼기념일

취미와 관련된 표현들

Dialogue ❶ 일반적인 취미 묻기

① 송일상 **What do you do in your spare time?**
시간이 있을 때 주로 뭐 하세요?

② 허동료 **I usually spend my free time washing my car. What's your favorite pastime?**
저는 주로 세차를 하면서 시간을 보내요. 제일 좋아하는 취미가 뭐예요?

③ 송일상 **Whenever I have a free time, I usually listen to music and read for pleasure.**
시간이 날 때마다 저는 주로 음악을 들으면서 책을 읽어요.

허동료 **What kind of music do you like?**
어떤 종류의 음악을 주로 들어요?

④ 송일상 **I have no special taste. I often listen to music that makes me feel relaxed.**
특별한 취향은 없어요. 그냥 편하게 해주는 음악을 들어요.

일만큼 중요한 것이 취미가 아닐까요?
서로의 취미를 물으면서 알아가는 상황과 관련된 표현을 배워봅시다!

① **What do you do in your spare time?**

'spare time'은 '남는 시간(여가 시간)'을 나타낸다. 비슷한 표현으로는 'free time'를 사용해서 나타낼 수 있다.

② **I usually spend my free time washing my car.**

'spend + 시간 + ~ing'를 사용해서 본인이 자주 하는 일을 표현할 수 있다.

③ **I usually listen to music and read for pleasure.**

'read for pleasure'는 '취미로 독서하다'라는 의미를 가지고 있다. 무언가를 열중해서 하는 것 보다, 여가 시간에 기쁨을 위해 독서를 하는 정도의 의미가 된다.

④ **I have no special taste.**

무엇을 좋아하는지에 대한 물음에 딱히 확실한 대답이 떠오르지 않을 때가 많을 것이다. 그럴 때 편하게 'I have no special taste'라고 표현하면 된다.

Dialogue ❷ 오랜만에 만난 친구와의 술자리

① 송일상 **Long time no see. How have you been?**
오랜만에 보네, 잘 지냈지?

② 김친구 **I'm getting by just fine. Let me buy**
③ **you a drinnk today. Here's my hangout.**
그럭저럭 지냈지. 오늘은 내가 낼게. 여기가 내 단골집이야.

송일상 **Thanks. What's your limit for drinking?**
고마워, 너 주량이 어떻게 돼?

④ 김친구 **I don't know exactly. I'm likely to black out when I often drink too much.**
잘 모르겠어, 요즘 술 많이 먹으면 자꾸 필름이 끊기는 것 같아.

송일상 **Being healthy is the most important thing. Here's to our health!**
무엇보다도 건강이 중요해. 건강을 위해 건배!

쉬는 날, 오랜만에 만나는 친구와의 술자리,
일상의 단비와 같은 휴식이 될 것입니다. 관련된 표현을 배워보죠!

① **Long time no see. How have you been?**

'long time no see'는 '오랜만이야'라는 뜻이다. 비슷한 의미로는 'It's been a while'이라는 표현으로 나타낼 수 있다.

② **Let me buy you a drink today!**

'let me buy you a drink today'라는 표현은 '오늘 술값 내가 계산할게'라는 표현이다. 비슷한 표현으로는 'this is on me'라는 표현을 사용해도 된다.

③ **Here's my hangout.**

자주 오가는 곳을 우리말로 단골이라고 표현하는데, 이에 상응하는 영어 표현은 'here's my hangout'이라는 표현이 있다. 'hangout'이라는 표현에 '자주 가는 곳'이라는 의미가 담겨있다.

④ **I'm likely to black out when I often drink too much.**

술을 많이 먹으면, 다음 날 술을 마신 상황이 잘 기억나지 않을 수 있다. 우리말로는 '필름 끊기다'라고 하는데, 영어 표현으로는 'black out'이라는 표현을 사용하면 된다.

Dialogue ❸ 데이트하기

① 허동료 **Would you like to go out with me on Sunday?**
일요일에 데이트 할래요?

허동료
여친 **Sounds good. How about 6 p.m.?**
좋아요. 6시 어때요?

② 허동료 **Good. Would you like to go for a drive?**
좋아요. 드라이브 하는 것 어때요?

③ 허동료
여친 **Let me see, we should meet and talk.**
글쎄요, 만나서 이야기를 해 봐요.

④ 허동료 **Okay. I'll pick you up at 6 p.m. I'll call you later.**
알겠어요. 6시까지 집으로 데릴러 갈게요. 전화할게요.

미혼인 사람들이 쉬는 날 가장 많이 하는 일 중 하나는, 호감있는 사람과의 데이트일 것이다. 데이트와 관련된 표현을 배워보자!

① **Would you like to go out with me on Sunday?**

'데이트 하다'라는 표현은 'go out'을 통해 나타낼 수 있다. 또한 문두에 'Would you~'를 붙여 정중한 질문을 나타낼 수 있다.

② **Would you like to go for a drive?**

쉬는 날 많은 사람들이 표현하는 '드라이브 할래?'라는 표현은 'go for a drive'라고 표현하면 된다.

③ **Let me see, we should meet and talk.**

질문에 대해서 확답을 하기 어렵거나, 생각이 필요할 때는 'let me see'라는 표현을 사용해 답을 미룰 수 있다.

④ **Okay. I'll pick you up at 6 p.m. I'll call you later.**

'데리러 가다'라는 표현은 'pick you up'를 통해 나타내면 된다.

Dialogue ❹ 맛집 탐방하기

① ▸ 송일상 **Let's search for a good restaurant around here!**

주변에 맛집을 찾아보자!

② ▸ 정부인 **I'll do via some apps on my phone.**

내가 핸드폰 앱을 통해서 해볼게.

정부인 **Take a look. This is a recent popular restaurant among people.**

한번 봐봐. 여기가 사람들 사이에서 최근 유명해진 식당이야.

③ ▸ 송일상 **I've heard of it. Let's go now and eat some delicius food.**

나도 들어본 적 있는 것 같아. 얼른 가서 맛있는 음식 먹자.

④ ▸ 정부인 **Before eating, I should take pictures of foods and post them on my SNS.**

음식 먹기 전에 사진 찍고 SNS에 올릴거야.

맛있는 음식은 무엇보다 힐링이 되는 취미일 것입니다.
맛집 탐방과 관련된 표현을 배워봅시다!

① **Let's search for a good restaurant around here!**

'맛집을 찾다' 라는 표현을 본문처럼 'search for a good restaurant'라고 표현을 할 수 있으며, 조금 더 숨은 맛집이라는 표현을 하고 싶으면 'hole in the wall to eat'이라고 표현할 수 있다.

② **I'll do via some apps on my phone.**

요즘 정보 검색은 핸드폰 앱을 통해서 하는 경우가 많다. 이러한 상황에서는 'via apps on my phone'이라고 표현하면 된다.

③ **I've heard of it.**

상대방이 말한 주제에 대한 호응을 할 때, 가장 많이 표현하는 것 중 하나가 '나 들어본 적 있어' 라는 표현일 것이다. 이럴 때 'I've heard of it'이렇게 표현하면 된다. 만약 앞선 대화에서 복수 명사에 대한 이야기를 한다면, 'I've heard of them' 이렇게 표현하면 된다.

④ **I should take pictures of foods and post them on my SNS.**

요즘 음식 사진을 많이 SNS에 올리고 있는데, 이렇게 '무언가를 SNS에 올리다'라는 표현은 'post something on one's SNS'라는 표현을 사용하면 된다.

1

I usually spend my free time washing my car. What's your favorite pastime?

저는 주로 세차를 하면서 시간을 보내요. 제일 좋아하는 취미가 뭐예요?

2

Let me buy you a drinnk today. Here's my hangout.

오늘은 내가 낼게. 여기가 내 단골집이야.

3

Would you like to go out with me on Sunday?

일요일에 데이트 할래요?

4

Would you like to go for a drive?

드라이브 하는 것 어때요?

5

Let's search for a good restaurant around here!

주변에 맛집을 찾아보자!

spare time	여가 시간
pastime	취미
get by	그럭저럭 지내다
limit	한계
black out	정전되다, 잊어버리다
go out	데이트 하다
go for a drive	드라이브 하다
search for	찾다
popular	유명한
post	올리다

긴급 상황

Dialogue ❶ 가벼운 접촉 사고가 난 경우

① 정부인 **Honey, I've had a fender bender.**
여보, 나 접촉 사고 났어.

송일상 **Are you okay? Everything is fine?**
당신 괜찮아? 다 괜찮지?

정부인 **It was just a fender bender. I'm fine but the bumper is a little bit broken.**
가벼운 접촉사고였어. 나는 괜찮아.. 근데 범퍼가 약간 부서졌어.

③ 송일상 **I'm glad to hear that. It's not a big deal. Our car insurance will cover the repairs.**
그렇다니 다행이다. 별일 아니야. 보험회사가 수리를 해줄거야.

④ 송일상 **So don't be embarrassed and call the insurance company!**
그러니, 당황하지 말고 보험회사에 전화해요!

갑자기 자동차 사고가 난 경우, 어떻게 해야할 지 난감하시죠?
이와 관련된 표현을 배워봅시다!

① **Honey, I've had a fender bender.**

> 'have a fender bender'라는 표현은 '가벼운 접촉 사고가 나다'라는 뜻이다.
> 일상 생활에서 는 큰 사고보다. 이런 가벼운 사고가 잘 일어날 수 있으므로,
> 반드시 기억하자!

② I'm glad to hear that.

> 'glad'라는 표현은 '기쁘다'라는 뜻 이외에도, '괜찮다'라는 뜻을 표현할 수 있
> 다.

③ Our car insurance will cover the repairs.

> 'cover'라는 표현은 '부담하다' '보상하다'라는 뜻으로 사용될 수 있으니, 반드
> 시 기억해 두도록 하자!

④ **So don't be embarrassed and** call the insurance
company!

> 한국이든 외국이든, 사고가 났을 때는 보험회사에 연락하는 것이 중요하다.
> '보험 회사에 연락하다'라는 표현은 'call the insurance company!'라고 표
> 현하면 된다!

Dialogue ❷ 갑자기 아픈 경우

① 정부인 **Honery, I feel like throwing up. Could**
② **you take me to a hospital nearby?**
여보, 속이 너무 안 좋은데, 지금 가까운 병원에 데려다 줄 수 있어?

③ 송일상 **Sure, but it's 8 p.m. We have no choice**
but to go to the emergency room.
응, 근데 지금 8시인데, 응급실로 가야겠지?

정부인 **Well, I think I had better go now. I've**
not been feeling well lately.
흠, 가야할 것 같아. 요즘에 계속 몸이 좋지 않았어.

④ 송일상 **Okay, I'll find one nearby. Take a rest**
for a while.
알겠어, 바로 가까운 병원 알아볼게. 우선 잠깐 쉬고 있어.

정부인 **Thank you.**
고마워.

일반 진료가 문을 닫은 시간 병원에 가야하는 상황이 된다면, 많이 당황하겠죠? 관련된 표현을 배워 봅시다!

① **I feel like throwing up.**

"I feel like throwing up"이라는 표현은 직역하면, '토 할 것 같다'라는 뜻이며, '속이 좋지 않다'라는 뜻으로도 사용될 수 있다.

② **Could you take me to a hospital nearby?**

'take A to B'를 사용해서 'A를 B로 데려가다'라는 뜻으로 사용할 수 있다. A 와 B에 다양한 명사를 넣어 응용표현을 만들 수 있다.

③ **We have no choice but to go to the emergency room.**

'have no choice but to -v'라는 표현은 '~할 수 밖에 없다'라는 뜻으로 사용되는 표현이다. 또한 응급실을 나타내는 'emergency room'은 'ER'로 줄여서 표현할 수 있다.

④ **Take a rest for a while.**

'take a rest'는 '쉬다'라는 뜻으로 자주 사용되는 표현이니, 잘 기억해두도록 하자!

Dialogue ❸ 귀중품을 잃어버린 경우

① 송일상 **Honey, wait! I think I 've left my wallet on the subway.**
여보, 잠깐만, 나 지갑을 지하철에 두고 내린 것 같아.

정부인 **Are you sure? Think carefully once again!**
확실해? 다시 한번 잘 생각해봐.

② 송일상 **I'm pretty sure. I was holding my wallet on the subway.**
확실해, 지하철에서 지갑을 들고 있었거든.

③ 정부인 **Oh no, call the lost and found right now!**
안돼, 빨리 유실물 센터에 전화해봐!

④ 송일상 **Okay, I'll do right now!**
알겠어, 지금 바로 해볼게!

버스나 지하철에 물건을 두고 내리는 경우가 종종 있죠.
당황하지 말고, 관련된 표현을 배워봅시다!

①- **I've left my wallet on the subway.**

여기서 'leave'라는 뜻은 '남겨 놓다'라는 뜻으로 사용되었다. 하지만 '떠나다'
라는 뜻으로도 사용되니, 주의하도록 하자!

②- **I'm pretty sure.**

여기서 'pretty'는 '예쁘다'의 뜻이 아닌 '상당히'라는 뜻의 부사이다. 무언가를
강조할 때 자주 사용하는 표현이니 기억해두도록 하자!

③- **Oh no, call the lost and found right now!**

대중 교통이나, 공공 장소에서 물건을 잃어버렸을 때는 유실물 센터에 전화하
면 된다. 'call the lost and found"라고 표현하면 손쉽게 나타낼 수 있다.

④- **Okay, I'll do right now!**

반복되는 표현은 대동사 'do'를 사용해서 표현하면, 좀 더 회화적인 표현을 나
타낼 수 있다. 여기서 'do'는 'call the lost and found'의 의미를 담고 있다.

긴급 상황

Dialogue ❹ 예약을 취소해야 하는 경우

직원 **This is ABC restaurants.
May I help you?**

ABC 식당입니다. 무엇을 도와드릴까요?

① **송일상** **Excuse me, I'd like to cancel my
reservation.**

죄송한데, 예약을 취소해야 될 것 같아요.

② **직원** **I'm sorry but can you tell me why you
do?**

죄송합니다만, 예약을 취소하는 이유를 말씀해 주실 수 있나요?

④ **송일상** **Something comes up and I won't be
able to make it.**

갑자기 일이 생겨서 제시간에 방문을 못할 것 같아요.

직원 **Okay. I'll cancel your reservation.**

알겠습니다. 예약을 취소해 드리겠습니다.

갑자기 예약해둔 약속을 취소해야되는 경우가 생기죠.
이럴 때 필요한 표현을 배워봅시다!

① Excuse me, I'd like to cancel my reservation.

> 미안하거나, 민망한 부탁을 할 때는 'excuse me'를 사용해서 시작하면, 조금 더 편하게 대화할 수 있다. 또한 '예약을 취소하다'라는 표현은 'cancel the reservation'으로 나타내면 된다.

② I'm sorry but can you tell me why you do?

> 상대방에게 이유를 물을 때, 공손하게 말할 수 있는 표현은 'can you tell me why ~"를 사용하면 된다. why 이후에 다양한 문장을 넣어 이유를 나타낼 수 있다.

③ Something comes up

> '갑자기 일이 생기다'라는 표현은 'something comes up'이라고 나타내면 된다. 일상 생활 중에서 자주 사용할 수 있는 표현이니, 반드시 기억해두자!

④ I won't be able to make it.

> 'make it'이라는 표현은 '제시간에 도착하다'라는 뜻으로 사용되었다. 이 뿐만 아니라, 무언가를 달성하다, 성공하다의 의미로도 사용할 수 있다.

Honey, I've had a fender bender.

여보, 나 접촉 사고 났어!

Call the insurance company!

보험회사에 전화해요!

Could you take me to a hospital nearby?

가까운 병원에 데려다 줄 수 있나요?

Call the lost and found right now!

유실물 센터에 지금 전화하세요!

Something comes up and I won't be able to make it.

갑자기 일이 생겨 제시간에 가지 못할 것 같아요.

insurance	보험
repair	수리
embarrassed	당황한
throw up	토하다
emergency room(ER)	응급실
subway	지하철
wallet	지갑
cancel	취소하다
reservation	예약
hold	가지고 있다

Chapter

06

기타 부대 상황

Unit 01 일자리와 관련된 표현

① 송일상 **Do you have any jobs? I saw your ad on the internet.**

일자리 있나요? 당신 회사의 광고를 인터넷에서 봤어요.

직원 A **I'm sorry, we're fully staffed.**

죄송하지만, 이미 충원되었습니다.

② 직원 A **But we will need a person for the part time jobs in a month.**

그런데, 한 달 뒤에 파트 타임직에 사람이 한 분 필요할 것 같아요.

③ 송일상 **Do I need to submit any paperwork?**

어떤 서류를 제출해야 하나요?

④ 직원 A **Could you send me a letter of self introduction and resume by email?**

자기 소개서와 이력서를 이메일로 보내주실래요?

직원 A **After checking your paper, I'll call you later.**

검토 후에 연락드릴게요.

살다보면, 일자리를 구해야하는 상황에 자주 마주하게 됩니다!
구인/구직과 관련된 표현을 배워봅시다!

① **Do you have any jobs? I saw your ad on the internet.**

일자리 관련 전화 문의나 직접 방문 문의를 할 때, 어색하지 않게 'Do you have any jobs?'라고 대화를 시작할 수 있다.

② **But we will need a person for** the part time jobs **in a month.**

'part time jobs'는 시간제 비정규직을 의미하며, 'full time jobs'는 정규직을 나타낸다.

③ **Do I need to submit any paperwork?**

일자리를 구할 때, 자신을 증빙할 수 있는 여러가지 서류들이 필요하다. 이러한 서류들을 총칭하여 'paperwork'라고 표현할 수 있다.

④ **Could you send me** a letter of self introduction and resume **by email?**

'a letter of self introduction'은 '자기 소개서'를 나타내며, 'resume'는 이력서를 나타낸다. 일자리를 구할 때, 자기 소개서와 이력서는 반드시 필요한 서류들이니, 기억해 두도록 하자!

Dialogue ❷ 구인·구직 관련 영어 표현들 (2)

① 송일상 **Do you have any jobs? A friend recommended that I apply to you.**
일자리 있나요? 지인의 추천으로 연락드립니다.

② 직원 A **I see. Could you send me a resume and CV by email?**
그렇군요. 이력서와 경력 기술서를 이메일로 보내주시겠어요?

③ 송일상 **Oh I see. When do I need to send them by?**
네 알겠습니다. 언제까지 제출하면 되나요?

직원 A **You should do by next Friday.**
다음주 금요일까지 하시면 됩니다.

송일상 **When will you announce the results?**
결과는 언제 알려주시나요?

④ 직원 A **After checking your paperwork, the manager will contact you individually.**
검토 후에, 관리자가 개별 연락 드릴거예요.

살다보면, 일자리를 구해야하는 상황에 자주 마주하게 됩니다!
구인·구직과 관련된 표현을 배워봅시다!

Expression Tip

①▷ A friend recommended that I apply to you.

> 위와 같이 일자리에 대한 문의를 하는 이유를 덧붙여 주면 더욱 어색하지 않
> 게 대화를 이어갈 수 있다.

②▷ I see. Could you send me a resume and CV by email?

> 특히 경력직을 구하는 경우에, 자주 마주하게 될 표현인 'CV'는 '경력 기술서'
> 를 의미한다.

③▷ When do I need to send them by?

> 'When ~ send by?'는 '언제까지 보내야 합니까?' 라는 표현이다. 여기서 'by'
> 는 '늦어도 ~까지'라는 의미로 사용되었다.

④▷ The manager will contact you individually.

> 'contact'는 '연락하다'라는 뜻으로 자주 사용되는 표현이고, 여기에
> 'individually'를 붙여 '개별적으로 연락하다'라는 표현을 할 수 있다.

일자리와 관련된 표현

Dialogue ❸ 면접과 관련된 표현들 (1)

① 직원 A **Congratulations! You have passed the application review process!**

축하합니다. 서류 전형에 합격하셨습니다!

② 송일상 **Thank you. When is the interview?**

감사합니다. 면접일은 언젠가요?

직원 A **Please come to our headquater with a letter of self introduction next Tuesday.**

다음 주 화요일에 자기소개서 가지고, 본사로 오시면 됩니다.

③ 송일상 **Thank you for the opportunity. Do you need anything else?**

기회를 주셔서 감사합니다. 더 필요하신 것 없나요?

④ 직원 A **No, be careful not to be late please. If you were, you would miss out your interview.**

없습니다. 늦지 않도록 주의해 주세요. 만약 늦으면, 면접을 볼 수 없을 거예요.

면접을 보러 갈때는 설레임과 떨리는 마음이 같이 있죠?
면접과 관련된 표현을 배워봅시다!

Expression Tip

① **You have passed the application review process!**

여기서 'pass'는 '통과하다'의 의미로 사용되었다. 주로 일자리를 구하는 경우, 서류 전형을 통과하면, 면접의 기회가 주어지는데, 이때 서류전형이라는 표현은 'the application review process'라고 표현할 수 있다.

② **When is the interview?**

면접은 'interview'라고 표현하면 된다.

③ **Thank you for the opportunity.**

'thank A for B'를 사용하여 'A'에 대한 고마움의 이유를 'for B'를 통해 나타낼 수 있다.

④ **No, be careful not to be late please.**

'~을 유의하세요'라는 표현은 'be careful to ~ please'를 사용해서 나타낼 수 있다. 'to' 뒤에 다양한 동사를 넣어 응용 가능하니, 반드시 기억해 두도록 하자!

일자리와 관련된 표현

Dialogue ❹ 면접과 관련 표현 (2)

① 직원 A **Why did you apply to our company?**
만나서 반갑습니다. 우리 회사에 지원한 이유는 무엇입니까?

송일상 **Because I saw your ad to look for the experienced manger, I applied.**
경력직 직원을 찾고 있다는 광고를 봐서, 지원하게 되었습니다.

② 임원 A **How much are you thinking of in terms of payment?**
어느 정도의 급여를 원하십니까?

송일상 **I was thinking about payment I had got at my past company.**
지난 회사에서 받은 급여 정도를 생각하고 있습니다.

③ 임원 A **If you're hired, when will you be able to work?**
만약 회사에 고용되신다면, 언제부터 일을 하실 수 있나요?

④ 송일상 **If you give me the opportunity, any time is fine to me.**
기회를 주신다면, 언제든지 괜찮습니다.

면접을 보러 갈때는 설레임과 떨리는 마음이 같이 있죠?
면접과 관련된 표현을 배워봅시다!

① **Why did you apply to our company?**

면접을 시작하면서 먼저 회사에 지원한 이유를 묻는 경우가 많다. 이때 사용
하는 표현이 'Why did you apply to our company?'라는 표현이고, 'apply'
라는 동사는 '지원하다'의 뜻을 나타낸다.

② **How much are you thinking of in terms of payment?**

보통 경력직같은 경우는 면접에서 원하는 급여를 묻곤 한다. 'how much ~'
라는 표현을 통해 급여의 액수를 물을 수 있다. 여기서 'in terms of'는 '~의
관해서'라는 뜻으로 사용되었고, 'about'으로 대체 가능하다.

③ **If you're hired, when will you be able to work?**

'hire'라는 표현은 '고용하다'라는 뜻으로 사용되는데, 여기서는 be동사 함께
사용되어 '고용된'이라는 뜻인 'hired'로 바뀌어 사용되었다.

④ **If you give me the opportunity, any time is fine to
me.**

'any time is fine'이라는 표현은 '언제든지 가능하다'라는 뜻이다! 회사에 취
직을 하고자 하는 열망을 나타낼 때, 사용하면 좋은 표현이다!

1

Do you have any jobs? I saw your ad on the internet.

일자리 있나요? 당신 회사의 광고를 인터넷에서 봤어요.

2

Do I need to submit any paper work?

어떤 서류를 제출해야 하나요?

3

Could you send me a resume and CV by email?

이력서와 경력 기술서를 이메일로 보내주시겠어요?

4

You have passed the application review process!

서류 전형에 합격하셨습니다!

5

How much are you thinking of in terms of payment?

어느 정도의 급여를 원하십니까?

ad	광고
part time jobs	단시간 근무직
submit	제출하다
paperwork	서류
apply	지원하다
announce	발표하다
interview	면접
miss out	놓치다
payment	급여
hire	고용하다

차량 매매와 관련 표현

Dialogue ❶ 차량 구매 하기(신차)

① 송일상 **How is the pomotion about ABC this month?**
이번 달 ABC 차량 프로모션이 어떻게 되나요?

② 딜러 **If you pay in cash, you can get a discount of up to 7%. If you use our financial, you can get up to 10%.**
현금 결제시 7%, 자사 파이낸셜 이용시 10% 할인됩니다.

송일상 **I see. Is there an option for self-driving?**
그렇군요, 자율 주행 옵션은 들어가 있나요?

③ 딜러 **Of course, it is applied to the car by default.**
그럼요, 기본적으로 적용되어 있습니다.

④ 송일상 **Can I take it for a test drive?**
시운전 해봐도 되나요?

Expression Tip

① **How is the pomotion about ABC this month?**

> 차량 구매를 할 때, 해당 모델의 프로모션을 살펴보면, 더욱 알뜰하게 구매할 수 있다. 이 때 'How is the promotion about~'라는 표현을 사용해서 나타낼 수 있다.

② **If you pay in cash, you can get a discount of up to 7%, If you use our financial, you can get up to 10%.**

> '할인 받다'라는 표현은 'get a discount'라고 표현하며, 할인율까지 나타내고 싶을 땐, 'of + 퍼센트 또는 금액'을 나타내면 된다.

③ **Of course, It is applied to the car by default.**

> 여기서 'apply'는 '적용하다'의 의미로 사용되었으며, Unit. 01에서 언급된 '지원하다'의 의미도 있다는 것을 기억해두자. 또한 'by default'의 의미는 '기본적으로'라는 뜻이다.

④ **Can I take it for a test drive?**

> 'take it for a test drive'라는 표현은 '시운전을 하다'라는 뜻으로 자주 사용된다.

Dialogue ❷ 차량 구매 하기(중고차)

송일상 **I want to buy a model of ABC.**
ABC 모델을 구입하려고 하고 싶어요.

① 딜러 **Do you have any specific condition in your mind?**
특정 조건을 생각해 두셨나요?

② 송일상 **I want a car with low mileage and no**
③ **record of accidents.**
주행거리가 적은 차량과 무사고 차량을 원해요.

딜러 **Which color do you want?**
색상은 어떤 것을 원하시나요?

④ 송일상 **If a car is in good condition, I don't care about its color.**
차량 상태만 좋다면, 색상은 상관없어요.

딜러 **Okay. I'll bring some cars for a test drive.**
시운전 해볼 수 있도록, 몇 대를 준비할게요.

중고차를 구입하려고 하면, 쉽지 않은게 사실입니다!
중고차 구매와 관련된 표현을 배워봅시다!

① Do you have any specific condition in your mind?

> 중고차를 살 때는, 신차와 달리, 본인이 원하는 차량이 있는지가 중요하다. 중고차를 사는 상황이라면, 거의 처음에 들을 수 있는 말이 'Do you have any specific condition in your mind'라는 표현이다.

② **I want a car with low mileage.**

> 중고차를 사는 사람들의 첫 번째 조건은 낮은 주행거리일 것이다. 낮은 주행거리는 'low mileage'라고 표현하면 된다.

③ **I want a car with no record of accidents.**

> 낮은 주행거리와 더불어 제일 많이 신경쓰는 것 중 하나는 사고 이력일 것이다. 따라서 무사고 차량에 대한 표현은 'a car with no record of accidents'라고 나타내면 된다.

④ **If a car is in good contion, I don't care about its color.**

> '좋은 상태'를 나타내는 표현은 'in good condition'으로 나타낼 수 있다.

Unit 02

차량 매매와 관련 표현

Dialogue ❸ 차량 출고 관련 상황들

① 딜러 **Congratulations! It's all finished.**
축하드립니다! 모두 완료되었습니다.

송일상 **Thank you. When can I get my car?**
감사합니다. 차량은 언제 받을 수 있죠?

② 딜러 **Well, It's going to take 2 or 3 weeks. After checking your vehicle, I'll contact you.**
2~3주 걸릴 예정입니다. 차량 검사한 후에 최대한 빨리 연락드리겠습니다.

③ 송일상 **Okay. I'll drop by your office to get my car. Do you need anything else?**
차량 가지러 한번 더 들리도록 하겠습니다. 더 필요한 건 없나요?

④ 송일상 **Lastly, you have to take out an insurance on your car.**
마지막으로 자동차 보험 가입을 하시면 됩니다.

송일상 **Thank you.**
감사합니다.

드디어 차량 계약 완료!
출고하는 과정과 관련된 영어 표현을 배워봅시다!

① **Congratulations! It's all finished.**

> 어떤 과정이 끝나거나, 계약이 완료되었을 때, 'It's all finished'라는 표현을 통해 나타낼 수 있다. 다양한 상황에 응용가능하니, 꼭 기억해두자!

② **Well, It's going to take 2 or 3 weeks. After checking your vehicle, I'll contact you.**

> 보통 신차 계약을 한 후, 차량 인도할 때까지 약간의 시간이 소요된다. 시간의 소요를 이야기할 때는 'It takes + 시간' 을 통해 나타낼 수 있다.

③ **OKay. I'll drop by your office to get my car.**

> 'drop by'라는 표현은 '방문하다'라는 뜻으로 'stop by'나 'visit'를 사용해서 나타낼 수 있다.

④ **Lastly, you have to take out an insurance on your car.**

> 'take out an insurance on'은 '~에 보험을 들다'라는 표현이다. 'on' 뒤에 다양한 보험의 종류를 나타내는 명사를 사용해 응용해 볼 수 있다.

How is the pomotion about ABC this month?
이번 달 ABC 차량 프로모션이 어떻게 되나요?

Can I take it for a test drive?
시운전을 해볼 수 있나요?

Do you have any specific condition in your mind?
특정 조건을 생각해 두셨나요?

I want a car with low mileage and no record of accidents.
주행거리가 적은 차량과 무사고 차량을 원해요.

You have to take out an insurance on your car.
자동차 보험 가입을 하셔야 됩니다.

pay in cash	현금으로 지불하다
by default	기본적으로
apply	적용하다, 지원하다
specific	특정한
condition	조건, 상태
vehicle	자동차
contact	연락하다
drop by = stop by	방문하다
test drive	시운전
insurance	보험

Dialogue ❶ 집들이하기

① 송일상 **I'm going to move into the new house and have a housewarming party next week.**
다음 주에 이사하고, 집들이 파티할 예정이야.

송일상 **Would you like to come?**
집들이 파티에 올래요?

② 허동료 **I love to. Can I get you anything?**
당연하죠. 필요한 거 없어요?

③ 송일상 **Nothing special. Anything is fine.**
특별히 필요한 건 없어요. 어떤 것도 괜찮아요.

④ 허동료 **I'll bring a bottle of champangne for your housewarming party.**
집들이에 샴페인 한 병 가지고 갈게요!

송일상 **Thank you. See you then!**
고마워요. 그때 봐요!

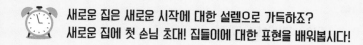

새로운 집은 새로운 시작에 대한 설렘으로 가득하죠?
새로운 집에 첫 손님 초대! 집들이에 대한 표현을 배워봅시다!

---

① **I'm going to move into the new house and** have a housewarming party **next week.**

> 'have a housewarming party'는 '집들이를 하다'라는 뜻으로 사용된다!

② Can I get you anything?

> 보통 집들이 파티에는 음식을 가져가는 게 예의이다. 여기서 'get'은 '가져가다'라는 뜻으로 사용되었고, 'bring'으로 바꿔서 사용할 수 있다.

③ Anything is fine.

> 특별히 원하는 게 없을 때, '아무거나 좋아요'라는 표현을 쓰는데, 영어로는 'Anything is fine'이라고 표현하면 간단하다!

④ **I'll bring** a bottle of champangne **for your housewarming party.**

> 샴페인이나, 맥주와 같은 술을 표현할 때는, 병의 개념으로 표현해 주어야 한다.

Dialogue ❷ 인테리어하기

허동료 **Your house looks so nice!**
집이 멋져 보이네요!

① 송일상 **Really? I changed a little bit and now the atmosphere is good.**
정말요? 약간 바꿨더니, 분위기가 좋아졌네요.

② 허동료 **Which company did you contact? I want to do for my house.**
어느 업체에 맡긴 거예요? 우리집도 맡기고 싶네요.

③ 송일상 **My wife and I did all the things by ourselves.**
부인과 제가 모두 다 했어요.

허동료 **Really? You're amazing!**
정말요? 대단하네요!

④ 송일상 **If you need anything, I'll let you know all about it.**
제가 도울 게 있으면, 뭐든 알려 드릴게요.

내 집이 좋다는 것은 나만의 인테리어를 할 수 있다는 점이겠죠!
나만의 개성있는 집을 위한 인테리어와 관련된 표현을 배워봅시다!

① **I changed a little bit and now** the atmosphere is good.

> 여기서 'atmosphere'는 '분위기'라는 뜻으로 사용되었다. 뿐만 아니라 '대기', '영향력'의 의미로도 사용될 수 있다는 점을 알아두자.

② Which company did you contact?

> 'contact a company'는 '회사와 연락하다' 의미로 사용되었다.

③ **My wife and I** did all the things by ourselves.

> '직접 무엇인가를 하다'라는 뜻의 "DIY(Do it yoursef)"라는 표현을 많이 들어봤을 것이다. 이 표현을 이용하여 조금 더 그 느낌을 강조하는 표현을 했다.

④ I'll let you know **all about it**.

> 'I'll let you know~'라는 표현은 '내가 (너에게) 알려줄게'의 의미를 가진다' 자주 사용하는 표현이니, 반드시 기억해두자!

Dialogue ➌ 주택 수리하기

① 송일상 **Honey, the toilet seems to be leaking.**
여보, 변기가 새는 것 같은데.

② 정부인 **Really? If we let it happen, there may be mold around the toilet.**
정말? 오래두면, 변기 주변에 곰팡이가 생길지도 몰라.

③ 송일상 **I'll call a repairman as soon as possible.**
최대한 빨리 수리공에게 전화할게.

④ 정부인 **Honey, the drain is clogged up ,too.**
여보, 배수구도 막혔어.

송일상 **What? I'll try to fix it.**
뭐라고? 일단 내가 고쳐볼게.

집에 살다보면, 어쩔 수 없이 여러가지 문제가 발생하죠!
집 수리와 관련된 표현을 배워봅시다!

① **Honey,** the toilet seems to be leaking.

'leak'는 '새어나오다'라는 뜻이며, 'toilet'은 '변기'라는 뜻으로, "where is your toilet?"이라는 표현으로 화장실을 묻지 않도록 하자 (듣는 사람이 당황할수도…)

② **If we let it happen,** there may be mold around the toilet.

집안의 습한 곳을 보면, 곰팡이가 자주 피어있는 것을 볼 수 있다. 이때 '곰팡이'는 'mold'라는 표현을 사용해서 나타낼 수 있다.

③ **I'll call a repairman** as soon as possible.

'as soon as possible'은 '최대한 빨리'라는 뜻으로, 'ASAP'라고 줄여서 이야기하기도 한다.

④ **Honey,** the drain is clogged up, too.

'drain'은 '배수구'를 의미하며, 배수구와 관련된 가장 큰 문제는 막혀서 물이 내려가지 않는 경우일 것이다. 이때 막히다라는 뜻의 'be clogged up'을 사용하면 쉽게 표현할 수 있다.

Dialogue　❹ 집값과 관련된 표현

① 허동료　**I was thinking about moving to a house in the suburbs.**
All the houses in the city are too expensive.

교외로 이사갈까 고민 중이에요. 도시는 너무 집값이 비싸요.

② 송일상　**I agree. The price of house has been soaring recently.**

맞아요. 최근에 집값이 계속 오르고 있어요.

③ 허동료　**Not only that, the interest of loans is increasing.**

게다가, 대출 금리도 오르고 있어요.

송일상　**I'm getting nervous. I have to repay my mortage, too.**

걱정이에요. 저도 제 주택 장기 대출을 갚아야 해요.

④ 허동료　**Misery loves company.**

동병상련이네요.

Expression Tip

① **I was thinking about moving to a house in the suburbs.**

'in the suburbs'은 '도심 지역에 떨어진 교외지역'을 나타낸다.

② **The price of house has been soaring recently.**

'soar'는 '솟아오르다'라는 뜻으로 사용되며, 비슷한 표현으로는 'skyrocket'을 사용할 수 있다.

③ **Not only that, the interest of loans is increasing.**

'Not only that'은 '그 뿐만 아니라'라는 뜻으로, 앞 문장 내용에 덧붙여 무언가를 나타내려고 할 때 사용하는 표현이다.

④ **Misery loves company.**

'Misery loves company'라는 표현은 '불행은 벗(동반자)를 사랑한다'라는 뜻으로, 같은 처지에 슬픔을 겪는 사람을 나타내는 '동병상련'의 의미를 가진다.

1

I'm going to move into the new house and have a housewarming party next week.

다음 주에 이사하고, 집들이 파티할 예정이야.

2

My wife and I did all the things by ourselves.

부인과 제가 모두 다 했어요.

3

Honey, the toilet seems to be leaking.

여보, 변기가 새는 것 같은데.

4

Honey, the drain is clogged up ,too.

여보, 배수구도 막혔어.

5

The price of house has been soaring recently.

최근에 집값이 계속 오르고 있어요.

move into	이사하다
housewarming party	집들이
atmosphere	분위기 / 대기 / 영향력
contact	연락하다
leak	새어나오다
mold	곰팡이
clog up	막다
suburb	교외
soar	솟아오르다
drain	배수구

Dialogue ❶ 비행기 예약하기 (1)

① 송일상 **I'd like to book a flight for Barcelona, Spain.**

스페인 바르셀로나로 가는 항공편을 예약하고 싶습니다.

② 직원 **If you let me know about the departure date, I'll find some tickets available.**

출발일을 알려주시면, 이용가능한 비행기 표를 찾아볼게요.

송일상 **I'm going to stay in Barcelona from August 1st to the 10th.**

바르셀로나에 8월 1일부터 10일까지 머물 예정이예요.

③ 직원 **Do you want one-way or round trip?**

편도를 원하세요? 아니면 왕복을 원하세요?

④ 송일상 **I want the latter.**

왕복을 원합니다.

송일상 **Thank you. See you then!**

고마워요. 그때 봐요!

설레는 해외 여행은 비행기 예약부터 시작하죠?
비행기 예약에 관련된 표현을 배워봅시다!

① **I'd like to book a flight for Barcelona, Spain.**

'book a flight'는 '항공편을 예약하다'라는 뜻으로 사용되며 'make a reservation for a flight'라고 표현할 수도 있다.

② **If you let me know about the departure date, I'll find some tickets available.**

'departure date'는 '출발일'을 의미한다. 도착일은 'arrival date'라고 표현하면 된다.

③ **Do you want one-way or round trip?**

'one-way'는 '편도'를 나타내고 'round trip'은 '왕복'을 나타낸다.

④ **I want the latter.**

'the latter'는 '후자'를 나타내고, '전자'는 'the former'로 나타낸다.

Unit 04
집에 관련된 표현

Dialogue ❷ 비행기 예약하기 (2)

직원 **There is a flight for Barcelona at 11: 00 a.m.**
11시에 바르셀로나행 비행기가 있네요.

① 송일상 **Is it a direct flight?**
직항인가요?

② 직원 **I'm sorry. It has a layover for 4 hours in Istanbul, Turkey.**
죄송해요. 이스탄불에서 4시간 경유하네요.

송일상 **Well, Is there another ticket for Barcelona?**
음, 다른 바르셀로나행 티켓은 없나요?

③ 직원 **I'm sorry. There is no choice on the day you mentioned.**
죄송해요. 말씀하신 날에는 다른 선택이 없네요.

④ 송일상 **Okay, I'll take it. Is this ticket refundable?**
알겠어요. 그걸로 할게요. 이 티켓은 환불 가능한가요?

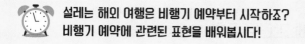
Expression Tip

(1) **Is it a direct flight?**

> 비행기를 타고 장거리 여행을 계획한다면, 직항인지 반드시 물어봐야 한다. 'a direct flight'은 직항을 나타낸다.

(2) **It has a layover for 4 hours in Istanbul, Turkey.**

> 'layover'라는 표현은 '경유지'라는 표현이다. 직항만큼 자주 사용하는 단어이니, 반드시 기억해두도록 하자!

(3) **There is no choice on the day you mentioned.**

> 'There is no choice'는 '다른 대안이 없네요'라는 뜻이다.

(4) **Is this ticket refundable?**

> 'refundable'은 '환불 가능한'이라는 뜻으로, 계획 변경으로 인해 부득이하게 환불을 해야되는 경우도 발생하므로, 반드시 비행기 예약을 할 때, 물어볼 수 있도록 하자!

Dialogue　❸ 환전하기

① 송일상　**I'd like to exchage Korea won for U.S dollars. What's the exchange rate today?**
원화를 달러로 바꾸고 싶은데, 오늘 환율은 어떤가요?

② 직원　**It is 1,250 won per dollar.**
1달러당 1,250원입니다.

③ 송일상　**Right, Could you change 1,000,000 won into U.S dollars? I'd like all in tens.**
백만원을 미화로 바꿔주실 수 있나요? 전부 10달러로 해주세요.

④ 직원　**Sure, Wait a moment!**
네, 기다리세요!

송일상　**Could you tell me where I can chage some money?**
환전소가 어딘가요?

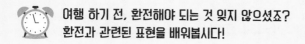

여행 하기 전, 환전해야 되는 것 잊지 않으셨죠?
환전과 관련된 표현을 배워봅시다!

Expression Tip

① **What's the exchange rate today?**

> 환율은 매일 달라지므로, 환전을 하기 전에 환율을 묻는 표현을 기억해두자!

② **It is 1,250 won per dollar.**

> 환율에 대한 표현은 한 화폐를 기준으로(per dollar / per won) 다른 화폐를 표현하면 된다.

③ **I'd like all in tens.**

> 환율을 할 때, 큰 돈으로 하면, 실제 사용할 때 어려움을 겪는 경우가 많다. 따라서 주로 10 달러로 환전하는 경우가 많은데, 이 때 'I'd like all in tens'라고 표현하면 된다.

④ **Could you tell me where I can chage some money?**

> 생각보다, 여행 중에 환전소에 급히 가야할 일이 많이 있다. 이 때 자주 사용할 수 있는 표현이다. '환전소'라는 표현은 'the currency exchange office'라고 나타내도 된다.

Dialogue ❹ 렌트카 빌리기

직원 **Could you show me your reservation document?**
예약 문서를 보여주시겠어요?

① 직원 **Please show me your passport and the international driver's liecnse and fill out this form.**
여권과 국제 면허증 보여주시고 이 서류를 작성해 주세요.

② 직원 **Would you like to purchase insurance?**
보험에 가입하실건가요?

③ 송일상 **Yeah, I want to purchase the full coverage insurance.**
네, 종합 보험에 가입하고 싶어요.

④ 직원 **Okay, It' an additional 20 dollars per day. This is your key.**
If you go this way, you can find your car.
하루당 20불이 추가됩니다. 여기 차키 있고요, 이 쪽으로 가면, 차가 있어요.

보통 요즘 렌트카는 앱으로 빌리고, 공항에서 찾곤하죠.
렌트카를 빌리는 상황에 대한 표현을 배워봅시다!

① Please show me your passport and the international driver's license and fill out this form.

> 차량 렌트를 할 때, 여권(passport), 국제 면허증(international driver's license)는 필수이므로, 잊어버리지 말자. 또한 필요한 서류를 적어야하는 경우도 많은데, 이때 'fill out this form'이라는 표현을 사용하면 된다.

② Would you like to purchase insurance?

> 여행지에서 사고가 나면, 정말 많이 당황될 것이다. 이런 경우를 대비하여, 보험에 가입해 두는 것이 좋다. 'purchase insurance'는 '보험에 가입하다'라는 뜻으로, 기억해두도록 하자.

③ I want to purchase the full coverage insurance.

> 'The full coverage insurance'는 '종합보험'을 지칭하며, 보통 렌트카 업체에서는 'CDW(Collision Damge Waiver)'라는 '내가 타고 있는 차' 보험이 적용되어 나오기는 한다.

④ Okay, It' an additional 20 dollars per day.

> 추가 옵션들을 선택하면, 보통 하루 당 추가 요금이 붙는다. 이 때 'per day'를 통해 하루 요금을 나타낼 수 있다.

1

Do you want one-way or round trip?

편도를 원하세요? 아니면 왕복을 원하세요?

2

Is it a direct flight?

직항인가요?

3

It has a layover for 4 hours in Istanbul, Turkey.

이스탄불에서 4시간 경유하네요.

4

What's the exchange rate today?

오늘 환율은 어떤가요?

5

Please show me your passport and the international driver's liecnse and fill out this form.

여권과 국제 면허증 보여주시고 이 서류를 작성해 주세요.

book	예약하다
departure	출발
arrival	도착
layover	경유지
refundable	환불가능한
exchange	교환하다
The exchange rate	환율
passport	여권
The international driver's license	국제 면허증
fill out	적다, 기입하다